Das geheime Typenbuch der deutschen Luftwaffe

Geheime Kommandosache 8551/44

Manfred Griehl

Umschlag Titelseite

Vorderseite: Me 262A - 19 der III./EJG 2, Februar 1945

Fotonachweis

Becker (1), Brüse (2), Bundesarchiv (4), Creek (7), Deutsche Lufthansa (3), Dornier (4), Fraport (2), Griehl (14), Häberlen (2), Handig (2), Hanf (2), Heinkel (4), Herwig (5), Kustusch (2), Lang (1), Lange (2), Lommel (1), Meyer (2), Mohr (4), MTU (1), Neulen (1), Nowarra (14), Petrick (5), Rauchbach (2), Ransom (3), Riedinger (1), Schmitt (3), Schereiber (4), Selinger (2), Senser (1), Späte (2), Trümper (1), USAF (/9, Wachtl (11), Wartmann (2)

Danksagung

Ohne die uneigennützige Unterstützung und die Informationen zahlreicher an der deutschen Luftfahrt Interessierter würde die Erstellung dieser Dokumentation schwieriger ausfallen. Dank eines zufällig erhalten gebliebenen Exemplars des vom Chef der Technischen Luftrüstung (Chef TLR) herausgegebenen Flugzeug-Baureihen-Buches (FBB), das die wichtigsten deutschen Flugzeugentwicklungen gegen Ende des Jahres 1944 wiedergibt, gelang es alle wirklich wichtigen Baureihenbezeichnungen in Form eines Handbuches endlich der breiten Öffentlichkeit zugänglich zu machen. Dank vieler zusätzlicher Hinweise gelang es, den präzisen Entwicklungsgang vieler der genannten Baumuster näher zu beleuchten oder unbestimmte Tatsachen zu sichern. Für weitere Angaben und Unterlagen ist der Autor dankbar (Manfred Griehl, Postfach 2162, 55011 Mainz).

Ausgewählte Literatur

Griehl, Manfred: Strahlflugzeug Ar 234 „Blitz“, Motorbuch Verlag, Stuttgart, 2003
Brinkmann, Günter: Sport- und Reiseflugzeuge, Bernhard & Graefe, Bonn, 1995
Dessel, Joachim u. a.: Die deutschen Raketenflugzeuge, Motorbuch Verlag, Stuttgart, 1989
Griehl, Manfred: Dornier Do 217, 317, 417, Motorbuch Verlag, Stuttgart, 1987
Griehl, Manfred: Heinkel He 111, Motorbuch Verlag, Stuttgart, 1997
Herrmann, Dieter: Focke-Wulf Ta 152, Aviatic, Oberhaching, 1998
Kössler, Karl u. a.: Die großen Dessauer Ju 89, 90, 290, 390, Aviatic, Oberhaching, 1993
Kranzhoff, Jörg u. a.: Arado Flugzeuge, Bernhard & Graefe, Bonn, 2001
Mankau, Heinz: Messerschmitt Bf 110, Me210, Me 410, Aviatic Verlag, Oberhaching, 2001
Pien, Joachim u. a.: Messerschmitt Bf 109 F, G, K-series, Schiffer Publishing, Atglen/USA, 1993
Rodeike, Peter: Focke Wulf Jagdflugzeug Fw 190 A, Dora, Ta 152H, Selbstverlag, 1998
Smith, J. Richard u. a.: Me 262, Band 1-4, Classic Publications, Burgess Hill, 1997 ff.

Sonstige Quellen

Amtschefbesprechungen 1942 - 1944, Jägerstabsbesprechungen 1944 - 1945

PODZUN-PALLAS-VERLAG GmbH,
Kohlhäuserstraße 8
61200 Wölfersheim-Berstadt
Telefon: 06036 / 9436 • Fax: 06036 / 6270
Internet-Shop: http://www.podzun-pallas.de

Verantwortlich für den Inhalt ist der Autor.

ISBN: 3-7909-0775-8
Technische Herstellung: J. Queißner, Tegernseeweg 45, 95445 Bayreuth
Druck: Kölle-Druck GmbH · 32361 Preußisch Oldendorf

Manfred Griehl

Das geheime Typenbuch der deutschen Luftwaffe

Geheime Kommandosache Chef TLR Nr. 8551/ 44 gKdos

PODZUN - PALLAS

Inhalt

1. Die deutsche Luftrüstung 1944/45

Die deutsche Luftrüstung wies 1944 die bislang höchsten Produktionszahlen seit 1933 auf und stand dennoch zunehmend vor dem Zusammenbruch. Der bisherige Kriegsverlauf hatte zum Teil überraschend schnelle Siege gebracht, zwang die deutsche Wehrwirtschaft jedoch auch mit immer geringeren Ressourcen auszukommen. Nicht nur die begrenzten Bauxit-Vorräte für die Herstellung von Aluminium, sondern auch der Mangel an hochwertigen Materialien für die Motorenherstellung und die Produktion von Funk- und Radargeräten führten zu immer neuen Überlegungen im RLM, wie dieser schier ausweglosen Situation Herr zu werden war.
Zusätzlich hatten die westlichen Alliierten ihre Anstrengungen gesteigert, mittels strategischer Luftwaffeneinsätze, die deutsche Industrieproduktion, insbesondere die Schlüssel- und Rüstungsindustrie sowie die Infrastruktur, besonders im Bereich der Verkehrswege, zu zerschlagen. Seit der alliierten Landung in der Normandie, in Italien und Südfrankreich boten sich für die gegnerischen Luftflotten, die nahezu aus dem Vollen schöpfen konnten, neue Einsatzmöglichkeiten. Die immer rascher sich auf die Reichsgrenzen zurückgedrängten deutschen Truppen und ihre Nachschublinien wurden zunehmend Ziel der taktischen Luftflotten sowie der strategischen Angriffe der Amerikaner bei Tage. Eisenbahnverbindungen, aber auch Wasserstraßen und kriegswichtige Brückenziele standen dabei ebenso auf den Ziellisten wie kriegswichtige Industrieziele, insbesondere solcher, die der Flugzeugproduktion und deren Zulieferung dienten. Gleichzeitig wurden die meisten Einsatzplätze und Depots der Luftwaffe zum ständigen Ziel der viermotorigen Bomber der 8. amerikanischen Luftflotte. Gleichzeitig griffen englische Nachtbomber-Formationen in immer größerem Umfang Städte und industrielle Ziele innerhalb des Deutschen Reichs an. Terrorangriffe selbst auf kleine und mittlere Städte sollten den Durchhaltewillen der Bevölkerung, vor allem aber den der Arbeiterschaft untergraben. Zu den besonders wichtigen Zielen gehörten alle Betriebe, welche der Öl- und Treibstoffproduktion dienten.
Die pausenlosen Luftangriffe auf die synthetische Kraftstofferzeugung und der Verlust der rumänischen Erdölquellen begünstigten die gegnerischen Erfolge ebenso wie die Vernichtung des Eisenbahnnetzes, das für den Erhalt der Industrieproduktion von Ausschlag gebender Bedeutung war.
Dieser und weiterer Bedrohungen Herr zu werden bot im Grunde nur die sofortige Steigerung der eigenen Jägerproduktion. Dies sollte durch rigorose Maßnahmen im Bereich der Luftfahrtindustrie ab Juni 1944 schnellstens in die Realität umgesetzt werden. Nicht nur die entsprechende Bereitstellung von Arbeitskräften und die Einführung des 2- beziehungsweise 3-Schichtsystems sollte für eine höhere Ausbringung an Kampfflugzeugen sorgen, sondern auch durch die Bereitstellung des hierzu notwendigen Materials, der erforderlichen Ausrüstung und Triebwerke.
Diese Maßnahmen sollten von dem am 1.03.1944 von Reichsminister Speer und Reichsmarschall Göring errichteten Jägerstab durch den Chef des Stabes, Hauptdienstleiter Dipl.-Ing. Otto Saur umgesetzt werden.
Um die notwendigen Arbeitskräfte zur Steigerung der eigenen Jägerproduktion zu erhalten, dachte Generalfeldmarschall Erhard Milch an eine umgehende Produktionseinstellung im Bereich der Kampfflugzeuge He 111, He 177 und Ju 290 sowie bei den Transportflugzeugen Ju 52 und Ju 352. Durch eine Beschleunigung der Arbeitsvorgänge in den Motorenreparaturbetrieben sollte die erforderliche Anzahl an BMW 801 und DB 605 für die neu zu schaffenden Tag- und Nachtjagdflugzeuge bereitgestellt werden.
Am 2.07.1944 forderte der Reichsmarschall den Bau von 3.800 Jagdflugzeugen, einschließlich 500 Me 262. Außerdem forderte er 400 zweimotorige Zerstörerflugzeuge und 300 weitere Nachtjäger.
Dies sollte durch die Streichung der bereits oben genannten Maschinen erfolgen. Doch damit nicht genug, außerdem fielen die Ta 154/254, die Me 210/410, der Ju 87, Hs 129, aber auch der BV 222 und BV 238, der Do 24 und 26 sowie der Go 242 und der Bf 108 der Typenbereinigung zum Opfer. Gleichzeitig sollte die Produktion bei der He 219, Fi 156 und der DFS 230 gedrosselt werden.
Am 1.08.1944 wurde seitens des Reichministers für Rüstung und Kriegsproduktion der Rüstungsstab gebildet, um die eigene Rüstungsindustrie, auch im

Die Ta 152 H war der letzte Höhenjäger der deutschen Luftwaffe.

Bereich der Luftrüstung zu steuern und neue Vorhaben sofort in die richtigen Kanäle zu lenken. Ein Großteil der Befugnisse des Generalluftzeugmeisters, Generalfeldmarschall Erhard Milch, im Bereich der Luftfahrtindustrie, ging auf Reichsminister Albert Speer über, als dessen Stabschef Hauptdienstleiter Dipl.-Ing. Saur fungierte. Verantwortlich für die weitere Flugzeugproduktion wurde Obering. Lange. Für die Entwicklungsseite hinsichtlich neuer Luftwaffenflugzeuge zeichnete der Chef der Technischen Luftrüstung (TLR), welcher dem Reichsmarschall unterstand, verantwortlich. Einen Überblick über die Flugzeugtypen nach deren Bereinigung gibt die hier wiedergegebene geheime Kommandosache 8551/44 gKdos aus dem Bereich des Chef TLR vom 1.12.1944 wieder. In ihr werden sowohl die wichtigsten, bereits eingeführten oder in Kürze einzuführenden Baumuster vorgestellt und erläutert.

Am 12.12.1944 sprachen Otto Saur und Hermann Göring das künftige Fertigungsprogramm ab, wobei ab Januar 1945 an 1500 Kleinstjäger (He 162), 1500 Strahljäger (Me 262), 2000 Ta 152, 50 Me 163, 100 Me 263, 500 Ar 234, 300 Do 335 und 100 Ju 388 gedacht war. Geräte wie die He 177-Mistel sollten erst gar nicht erst produziert, Schlachtflugzeuge wie die Fw 190 F nur noch für den Einsatz über der Ostfront vorgesehen werden.

Infolge der sich Anfang 1945 dramatisch verschlechternden Kriegslage blieben diese Produktionsvorhaben völlig illusorisch. Erst viel zu spät erkannte man Ende März 1945, dass sich der Einsatz von Strahlflugzeugen den gegnerischen Einsatzmustern völlig überlegen gezeigt hatte. Adolf Hitler unterstellte daraufhin dem SS-Gruppenführer Dipl.-Ing. Kammler alle Produktionsvorhaben sowie die weitere Entwicklung im Bereich der strahlgetriebenen Einsatzmittel.

Eine der letzten Bewertungen hinsichtlich der Luftrüstung fiel am 4.04.1945, als längst alliierte Truppen weit auf deutschem Gebiet standen. Man erkannte, dass die Me 262 als Tiefflieger und Jagdbomber gegen einzelne Panzer auf dem Gefechtsfeld wenig geeignet, die Ar 234 in viel zu geringer Stückzahl vorhanden war und die eigenen Möglichkeiten fast vor dem Zusammenbruch standen.

Der völlige Zusammenbruch der Treibstoffversorgung und jeglichen geregelten Reparaturbetriebs verhinderten, ebenso wie die völlige Luftüberlegenheit des Gegners jeden erfolgversprechenden Einsatz der deutschen Luftwaffe. Nur gelegentlich ließen sich im April 1945 Luftsiege erringen. Gegen Tausende von gegnerischen Maschinen hatten nicht einmal die verbliebenen Ar 234, Me 262 und "Volksjäger" eine reelle Chance.

Mit der strahlgetriebenen Me 262 A-1a brach eine neue Epoche in der Luftfahrt an.

Oberkommando der Luftwaffe
Der Chef der Technischen Luftrüstung

Chef TLR Nr. 8551/44 gKdos (Fl. E-2 ID)

8 . Ausfertigung

Berlin, den 1. Dezember 1944
Ruf: 12 00 47, App. 2870

Geheime Kommandosache

550 Ausfertigungen

Betr.: Flugzeug-Baureihen-Buch (FBB).

Mit vorliegendem FBB werden die in der Baureihenzusammenstellung, Ausgabe R.d.L. u. Ob.d.L. GI/C-Nr. 2570/43 geh. v. 1. 6. 1943 aufgeführten Flugzeugmuster, die in dieser Ausgabe enthalten sind, ungültig. Für sämtliche anderen hier nicht angeführten Muster behält die o. a. Baureihenzusammenstellung bis auf weiteres ihre Gültigkeit.

Aus Geheimhaltungsgründen erfolgt die Verteilung des FBB nur bis zu den Luftgaukommandos, Fliegerkorps und Luftzeuggruppen. Nachgeordneten Dienststellen ist entsprechend Auskunft zu erteilen.

In diesem FBB sind die v. Gen.Qu. (6. Abt. III) Schr. v. 23. 8. 1944 Nr. 8173 gKdos befohlenen taktischen Kurzzeichen eingeführt.

Zur Verwendung wurden folgende Kurzbezeichnungen festgelegt:

A	= Nahaufklärer	N	= Nachtjagd	St	= Sturzkampf
BB	= Blitzbomber	MS	= Minensuch	SN	= Seenot
F	= Fernerkunder	S	= Schlacht	T	= Transporter
J	= Jäger	SK	= Schnellkampf	V	= Verbinder
K	= Kampf	Schul	= Schulflugzeug	Z	= Zerstörer

In Verbindung mit diesen Grundzeichen kennzeichnen die Zusatzbuchstaben:

LT	= Lufttorpedo	Nacht	= Nacht	Segl	= Segler
Bo	= Bomben	Hub	= Hubschrauber	Stb	= Stabs
Hö	= Höhen	W	= Wetter	Bd	= Bord
Rei	= Reichweite	San	= Sanitäts	Trg.	= Träger
Pz	= Panzerjäger	Schl	= Schlepp		

Beispiel: Ta 152 H-O (J/Hö)

8. Ausfertigung

Chef TLR Fl. Nr. 8551/44 gKdos (E–2 ID)

550 Ausfertigungen

Inhalts-Verzeichnis

Stand: 1. 12. 1944

Flugzeugmuster:	Blattzahl:	gKdos-Nr.:	Ausgabe-Datum:
Ar 96	2		20. 9. 44
„ 196	1		1. 11. 44
„ 232/432	1	8577	20. 9. 44
„ 234	1	8565	1. 8. 44
„ 396	1		1. 8. 44
Bü 181	1		1. 8. 44
Do 335	2	8553	1. 11. 44
Fi 156	2		1. 8. 44
Fw 190	5	8554	1. 11. 44
Ta 152	2	8564	1. 8. 44
He 177	2	8555	1. 8. 44
He 219	1	8562	1. 8. 44
Hs 129	1	8579	20. 9. 44
Ju 87	3		19. 8. 44
„ 88	3		19. 8. 44
„ 188	1	8560	1. 8. 44
„ 290	1	8575	1. 9. 44
„ 388	2	8552	1. 8. 44
„ 390	1	8576	1. 9. 44
Me 108	1		20. 9. 44
Bf 109	6	8569	1. 8. 44
„ 110	3		1. 11. 44
Me 163	1	8563	1. 8. 44
„ 210	1	8578	20. 9. 44
„ 262	2	8566	1. 11. 44
„ 410	2	8580	20. 9. 44
Si 204	1		1. 8. 44
DFS 230	1		1. 9. 44
8-162	1	8582	1. 11. 44

Verteiler:

1.— 50. Ausfertigung im Hause
51.—200. „ Gen.Qu.Generaling. Paul
201.—400. „ Gen. TT
401.—550. „ Reserve.

2. Das geheime Flugzeugbaureihenbuch der Luftwaffe

Geheime Kommandosache gKdos 8551/44 vom 1. 12. 1944

Ar 96

Die Ar 96, ein zweisitziges Schulflugzeug, wurde ab Januar 1936 bei den Arado-Werken entwickelt. Zunächst waren drei Versuchsmuster (WerkNrn. 2067 bis 2069) in Arbeit, nach deren Erprobung eine A-0-Serie im Spätsommer 1937 ins Auge gefasst wurde. Das erste Musterflugzeug der Ar 96, die V1 (D-IRUU, WerkNr. 2067), wurde im Herbst 1936 fertiggestellt und flog mit einem As 10 C-Reihenmotor. Es folgten mindestens noch drei weitere Versuchsmuster. Die V2 (D-IFHD, WerkNr. 2068) flog erstmals im Sommer 1937. Es folgte die V3 (D-IGME, WerkNr. 2069), die einen As 410 erhalten hatte und als Vorläufer der geplanten Ausführungen der B-Serie diente. Die Maschine wurde zusammen mit der nachfolgend hergestellten V4 (D-IZIE, WerkNr. 2070) in Rechlin erprobt. Der Produktionsprototyp für die B-Serie, die Ar 96 V5 (D-INDQ, WerkNr. 2071), unterschied sich durch einen längeren Motor erheblich von ihren Vorläufern.
Die Produktion der ersten Bauserie, der Ar 96 A-0, baute auf der V6 auf und lief im Frühjahr 1939 an. Ein weiteres Erprobungsmuster Ar 96 V9, die D-IXWZ, war mit Bombenschlössern und einem B-Stand mit MG 15 bewaffnet worden.
Mit Schneekufen wurde die Ar 96 B-1 (DC+XF) im März 1943 erprobt. In Travemünde diente die Ar 96 B-1 (CD+OA) zusammen mit einer zweiten Maschine der Erprobung der Katapultbeschläge, um die Maschine für Schleuderstarts einsetzen zu können. Mit Fanghaken für den Trägereinsatz wurden im Sommer 1942 zwei weitere Ar 96 B-1 ausgestattet.
Die Produktion begann bei Arado im Werk Brandenburg sowie bei AGO in Oscherleben, wo bis April 1940 insgesamt 167 Ar 96 vom Band liefen. Bis August 1940 produzierte Arado die ersten 52 Ar 96 B-1. Insgesamt entstanden bis April 1941 bei diesen Firmen 361 B-1, wonach die Lizenzfertigung bei AGO auslief. Von nun an lief die Großserienfertigung bei Avia und Letov an. Gut 3400 Maschinen aller Baureihen verließen zwischen 1939 und 1944 die Serienfertigung in Deutschland, der Tschechoslowakei und Ungarn.

Als eines der Standard-Übungsflugzeuge gilt die Ar 96.

Baureihe	Triebwerk	Bewaffnung – Beladung	Abwurf-Anlage	Kraftstoff	FT-Gerät	Sonstiges
Ar 96 A-0 (Schul)	As 10 c	 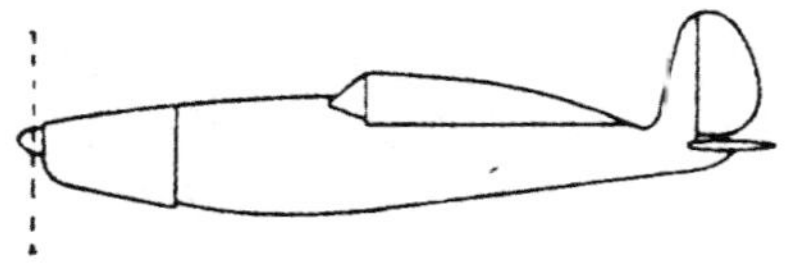	–	175 l	–	
Ar 96 A-1 (Schul)	"	"	–	"	–	Verstärktes Fahrwerk
Ar 96 B-0 (Schul)	As 410	"	–	" zusätzlich 2 x 35 l im Fl. Ges.Inh. 245 l	Tele-funken 276 d F	Verbesserungen der Zelle
Ar 96 B-1 (Schul)	"	"	–	"	"	Einbau für Waffen und FT vorgesehen
Ar 96 B-1/U-1 (Schul)	"	Muster für B-5 und B-6	–	"	"	"
Ar 96 B-1/U-3 (Schul)	"	Muster für Einheitshydraulik	–	"	"	"
Ar 96 B-1/U-5 (Schul)	"	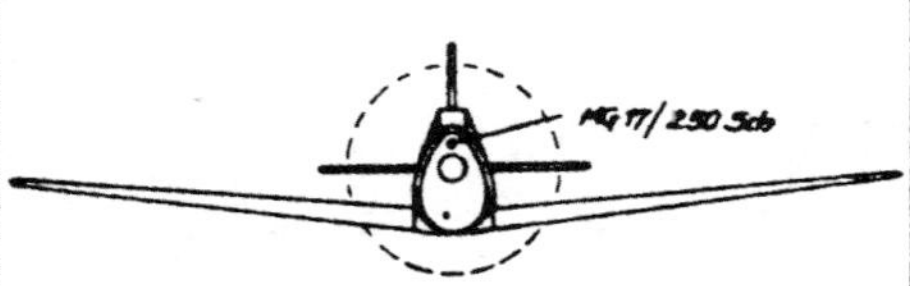	–	"	"	zusätzlich MG - Kamera
Ar 96 B-2 (Schul)	"	wie B - 1	–	"	"	Einheitstriebwerk 9 - 410 M B-1
Ar 96 B-3 (Schul)	"	wie B-1/U-5	2 ETC 50	"	"	
Ar 96 B-5 (Schul)	"	wie B-1	–	"	FuG 10 K mit TZG 10 FuG 16 FuG 101	Beobachterschulung Kartentisch, Schlauchboot.
Ar 96 B-6 (Schul)	"	"	2 ETC 50	"		Sturzflugbremse
Ar 96 B-7 (Schul)	As 410	wie B - 1	–	175 l 2 x 35 l Ges.Inh. 245 l	–	Einheitshydraulik
Ar 96 B-8 (Schul)	"	wie B - 3	–	"	–	"

Mit der Ar 96 erhielten die Flugzeugführerschulen (FFS A/B) ein für die damalige Zeit modernes Übungsgerät, das den künftigen Einsatzpiloten der Luftwaffe den Übergang zu anderen einmotorigen Tiefdeckern, beispielsweise dem Standardjäger Bf 109 wesentlich erleichtern sollte. Im Vergleich zu den Schulmaschinen Ar 66 oder Ar 76 war die Ar 96 um bis zu 80 km/h schneller, hatte eine doppelt so hohe Dienstgipfelhöhe und wesentlich bessere Steigleistungen.

Nur versuchsweise erhielten Musterflugzeuge ein bewegliches MG 15.

Feierstunde bei den Arado-Werken. Das Rednerpult umrahmen zwei Ar 96 B.

Als Übungsflugzeug für die auf Flugzeugträgern eingesetzten Piloten diente diese Ar 96 mit Fanghaken.

Technische Daten

Baumuster	Ar 96 B-1
Besatzung	2
Spannweite	11,00 m
Länge	0,13 m
Höhe	2,64 m
Spurweite	1,88 m
Höchstgeschwindigkeit	310 - 330 km/h
Dauergeschwindigkeit	255 - 295 km/h
Sturzgeschwindigkeit	700 km/h
Steigzeit	6,8 min auf 3.000 m
Flugmasse	1795 kg
Leermasse	1295 kg
Reichweite	990 km
Gipfelhöhe	7100 m

Ar 196

Die Ar 196 war vor allem als "Kleiner Borderkunder" für die schweren Einheiten der Kriegsmarine geplant. Die erweiterten Vorgaben wurden Arado im Februar 1938 übermittelt, nachdem dort bereits im August 1937 eine Musterflugzeugbeschreibung für ein Bordflugzeug entstanden war.
Von der Maschine sollten zunächst vier Versuchsmuster, die Ar 196 V1 bis V4 (D-IEHK, D-IHQI, D-ILRE und D-OVMB), und bei entsprechender Eignung eine aus sieben Flugzeugen bestehende Nullserie (Ar 196 A-0), produziert werden. Die ersten drei Ar 196-Versuchsmuster konnten bis September 1937 fertiggestellt werden.
Die ersten Nullserienflugzeuge wurden in Warnemünde bei Rostock hergestellt. Für die Mustererprobung der Ar 196 A-1 diente das Nullserienmuster (WerkNr. 2522, TJ+HB). Die mit einem zentralen Schwimmer geplante Baureihe ging nicht in Serie, da die Anordnung mit Doppelschwimmern bessere Eigenschaften auf dem Wasser versprachen und die Stützschwimmer entfallen konnten.
Auf Grund ihrer Ausrüstung waren die Maschinen sowohl für die bewaffnete Aufklärung, den Einsatz gegen nicht gepanzerte, leicht bewaffnete Schiffsziele sowie für die U-Boot-Aufklärung und -Jagd geeignet. Die erste Ar 196 A-1 gehörte zur 1./Bordfliegerstaffel 196 und ging am 11.12.1939 bei einem Unfall auf dem Panzerschiff Graf Spee verloren.
Die Maschinen der Baureihen Ar 196 A-1 bis A-3 waren außer bei der 1., 2. und 5./196 vor allem bei der Flieger-Ergänzungsgruppe (See) in Kamp sowie bei der Fliegerwaffenschule (See) in Parow in größerer Anzahl vorhanden. Die meisten Ar 196 kamen jedoch bei den Staffeln der Küstenfliegergruppe 406 sowie den Seeaufklärungsgruppen (SAGr.) 125 und 126 - zwischen dem Nordkap und dem Mittelmeer - zum Einsatz. Außer bei der Luftwaffe waren etliche Ar 196 A-3 bei der rumänischen und der bulgarischen Luftwaffe über dem Schwarzen Meer im Kampfeinsatz.

Vor allem in der Küstenaufklärung wurde die Ar 196 eingesetzt.

Schleuderstart einer Ar 196 von einem „Dickschiff" der Kriegsmarine.

Überwachungsflug einer Ar 196 vor der griechischen Küste.

Die Ar 196 wurde als robustes Bordflugzeug entwickelt, nachdem sich die bereits eingeführten He 60 in der täglichen Flugpraxis als zu leistungsschwach erwiesen hatten. Die zweisitzigen Maschinen waren bald auf allen europäischen und außereuropäischen Kriegsschauplätzen unverzichtbar, da sie als universell einsetzbar galten. Mit dem Verlust nahezu aller schweren Einheiten der Kriegsmarine wurden die nicht mehr benötigten Maschinen bei verschiedenen Schulen aufgebraucht.

Technische Daten

Baumuster	Ar 196 A-1
Besatzung	2
Spannweite	12,50 m
Länge	11,00 m
Höhe	4,45 m
Höchstgeschwindigkeit	320 km/h
Dauergeschwindigkeit	270 Im/h
Steiggeschwindigkeit	300 km/h
Flugmasse	3.730 kg
Leermasse	2.990 kg
Reichweite	1070 km
Gipfelhöhe	7.000 m

Baureihe	Triebwerk	Bewaffnung – Beladung	Abwurf-Anlage	Kraftstoff	FT-Gerät	Sonstiges
Ar 196 A-1 (A See)	BMW 132 K	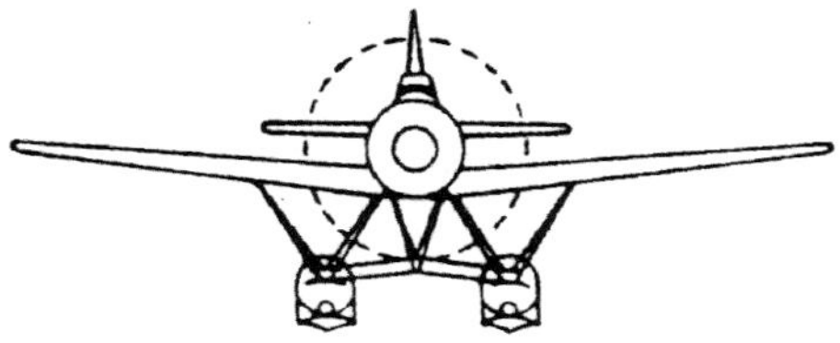 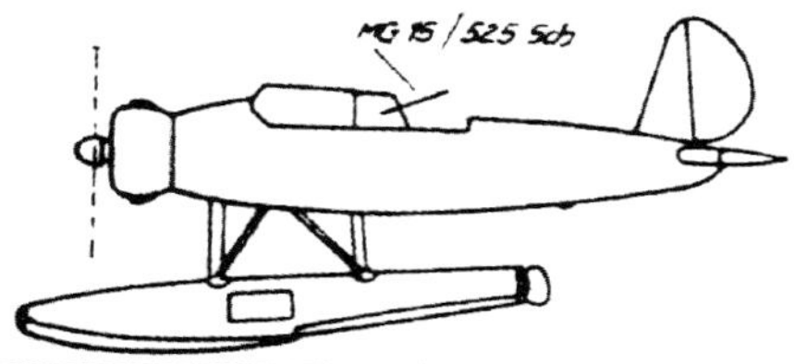	2 ETC 50	600 l	FuG 5a U	Handkamera katapultfähig
Ar 196 A-2 (A See)	"	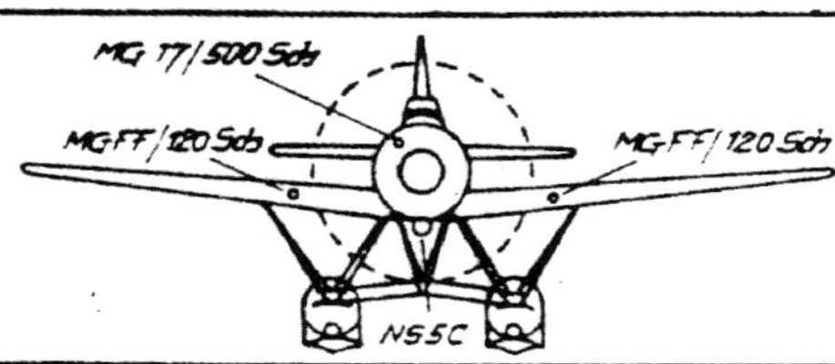	"	"	"	"
Ar 196 A-3 (A See)	BMW 132 W	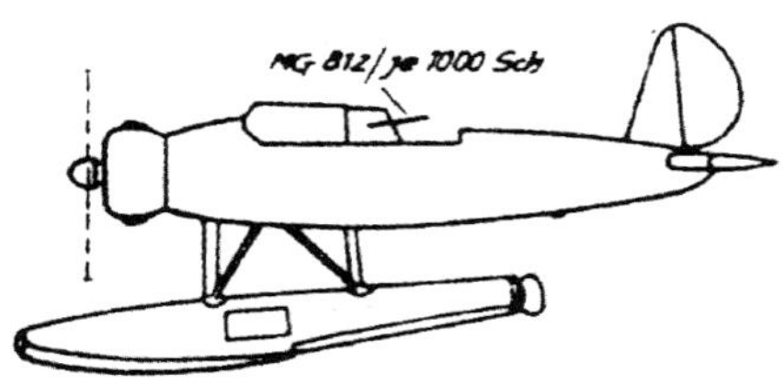	"	"	FuG X mit Schlepp-antenne, Peil G4 FuG 25 später FuG X ohne Schlepp-antenne ohne Peil G4. mit FuG 10 u. FuG 25	"
Ar 196 A-3 U 1 (A See)	BMW 132 K	wie A-3, jedoch mit Eiskufen				"
Ar 196 A-4 (A See)	"	wie A-2	2 ETC 50	800 l	FuG 5a U	Handkamera
Ar 196 A-4 U 1 (A See)	"	wie A-2, jedoch mit Scheibenschlepp-anlage				"
Ar 196 A-5 (A See)	BMW 132 W	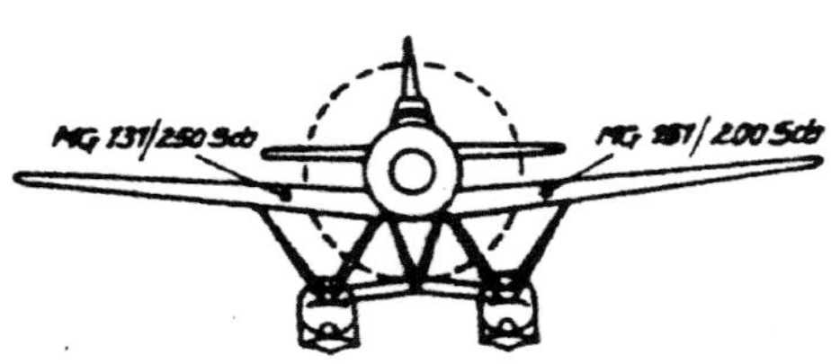	2 ETC 50 ASK-Rz	600 l	FuG 10 FuG 25 FuG 16	" katapultfähig
Ar 196 B-0 (A See)	"	wie A-5, jedoch mit Zentralschwimmer				nicht katapult-fähig

Ar 232 und 432

Die Ar 232 entstand auf Grund einer RLM-Ausschreibung für einen "geländegängigen Transporter für die Verwendung in Frontnähe", welcher die Ju 52 in dieser Hinsicht ablösen sollte. Um Frachtgut in der Größe von bis zu 2.000 kg aufnehmen zu können, konzipierte Arado einen fast quadratischen Rumpf und eine neuartige Heckladeklappe. Die Teilekonstruktion für die Ar 232 V1 begann am 30.03.1941. Am 28.05.1941 fand die Besichtigung der Attrappe statt. Die zweite Maschine wurde als Bruchzelle verwandt. Am 28.08.1942 startete das erste Versuchsmuster (GH+GN) in Brandenburg/Havel zum erfolgreichen Erstflug. Drei Monate später, am 20.11.1942 folgte die erste von insgesamt zehn Nullserienmaschinen der Baureihe Ar 232 A-0 (VD+YA). Mit einigen Ar 232 A-0 kam es zu spektakulären Einsätzen bis nach Spitzbergen. Bei einem der Flüge stürzte die A-09 (TC+EG) am 26.08.1943 ab. Von den geplanten zwölf Ar 232 B-0 wurden vermutlich alle fertiggestellt und an die Luftwaffe ausgeliefert. Die letzte von diesen ging am 26.08.1943 durch Absturz verloren.
Alle Ar 232 A und B wurden in Brandenburg produziert. Dies gilt sicherlich auch für den Umbau zur Ar 432. Auf Grund des hohen Leichtmetallbedarfs wurde anstelle der Ar 232 A (zweimotorig) und der Ar 232 B (viermotorig) mit der Entwicklung einer teilweise in Holzbauweise herzustellenden Ausführung, der Ar

Dank ihres geländegängigen Fahrwerks konnte die Ar 232 der Westa 5 auch auf wenig vorbereiteten Plätzen landen.

Technische Daten

Baumuster	Ar 232 A-0
Besatzung	4
Spannweite	32,00 m
Länge	23,50 m
Höhe	6,60 m
Höchstgeschwindigkeit	295 km/h
Dauergeschwindigkeit	270 Im/h
Steigzeit	13 min auf 4.000 m
Maximale Flugmasse	19.700 kg
Leermasse	11.250 kg
Nutzlast	3.200 bis 7.000 kg
Reichweite	1500 km
Gipfelhöhe	7.000 m
Flugdauer	6,2 h

Die Ar 232 A-05 (VD+YE) nach der Landung in Hirschberg (Schlesien).

Baureihe	Triebwerk	Bewaffnung - Beladung	Abwurf-Anlage	Kraftstoff	FT-Gerät	Sonstiges
Ar 232 A-0 (T)	BMW 801 A	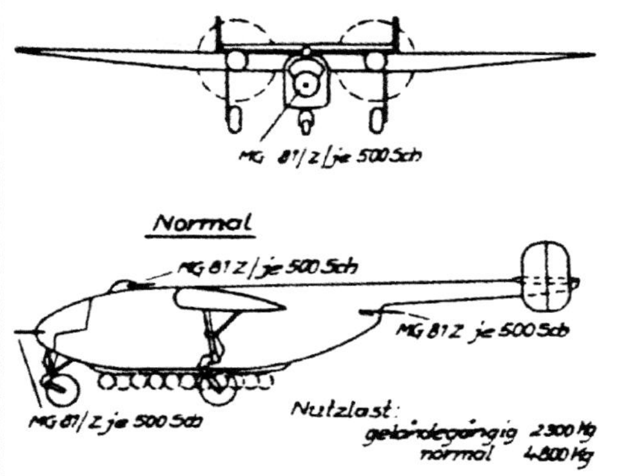	--	i.Fl. je 1350 l Ges. Inh. 2700 l	FuG 10 Peil G6 Rüstsatz FuBl 2 FuG 16 FuG 25 FuG 101	Geländefahrwerk als Rüstsatz (geländegängig über Hindernisse bis 0,30 m Höhe u. Gräben 1,5 m Breite)
Ar 232 B-0 (T)	BMW 323 R2	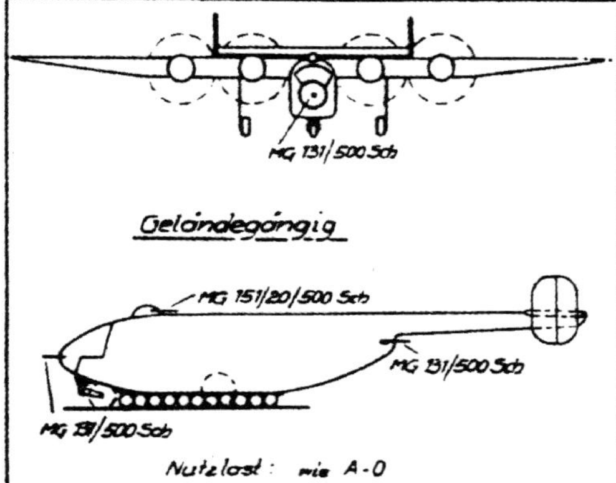	--	″	″	″
Ar 432 A (T)	″	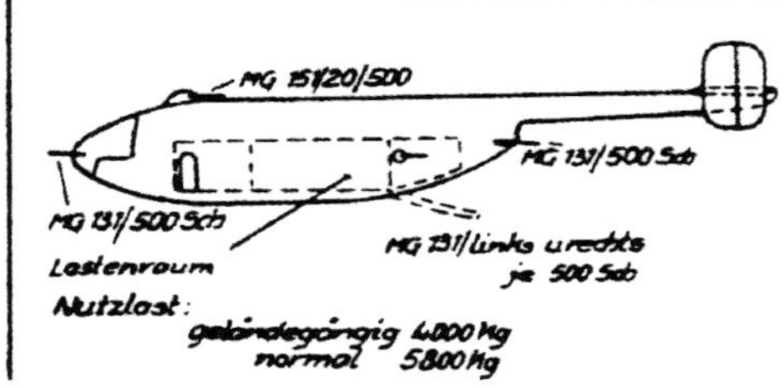	Abwurfschächte für Versorgungsbomben bis 250 kg	i.Fl. je 2150 l Ges. Inh. 4300 l	″	″ Holz-Außenflügel

432, begonnen. Von dieser Variante wurden vermutlich nur zwei Musterflugzeuge, die Ar 432 A-01 (GR+FB) und A-02 (KI+ZU), hergestellt. Bei der ersten Maschine (WerkNr. 110032) soll es sich um das Musterflugzeug der Ar 232 gehandelt haben, das zunächst als C-01 bezeichnet wurde. Die Maschine stürzte am 14.06.1944 in Lärz bei Rechlin ab. Aus Zeitgründen musste auf vorhandene Zellen der Ar 232 B-0 zurückgegriffen werden, welche hölzerne Außenflügel und ein Leitwerk in Holzbauweise erhielten. Ab der Ar 432 A-2 sollte die Flugzeugzelle soweit als möglich aus hölzernen Baugruppen bestehen. Die meisten Ar 232, die den Tarnnamen "Tatzelwurm" erhielten, gingen an die 7./(Erg.)Transportgeschwader, welche die einzige vollständig mit der Ar 232 ausgerüstete Staffel darstellte. Außerdem waren Ar 232 bei der Westa 5 sowie beim KG 200 im Fronteinsatz. Letzte Versorgungseinsätze mit der Ar 232 fanden noch Ende April 1945 statt.

Nach der Ju 52 entstand mit der Ar 232 der erste wirkliche Kampfzonentransporter der Welt. Infolge seiner Fahrwerkskonstruktion waren Starts und Landungen selbst auf holperigen, von Gräben durchzogenen Pisten relativ leicht möglich. Von der Maschine entstanden zunächst zwei-, dann aber viermotorige Ausführungen, welche den Wunsch der Luftwaffe nach einem verbesserten Leistungsspektrum und höherer Nutzlast manifestierten. Die Ar 432 stellte dagegen einen Notbehelf dar, da nicht mehr genügend hochwertige Baustoffe für den Bereich Schul- und Transportflugzeuge zur Verfügung standen.

Wartung einer zur 7./(Ergänzungs-) Transportgruppe gehörenden Ar 232.

Bruchlandung einer Ar 232 infolge eines Hydraulikschadens am Hauptfahrwerk.

Die viermotorige Ar 232 B war leistungsfähiger als die zunächst produzierten Kampfzonentransporter der A-Baureihe.

Ar 234

Von der Ar 234 entstanden zunächst acht Musterflugzeuge (V1 bis V8, WerkNrn. 130001 bis 130008). Bei diesen handelte es sich um Maschinen ohne Einziehfahrwerk mit Kufen. Als letzte dieser Maschinen wurde am 19.11.1944 die Ar 234 V7 wegen Materialermüdung stillgelegt. Die meisten der Versuchsmuster dienten allein zu Erprobungszwecken. Zwei kamen aber auch bei der Aufklärungsgruppe ObdL über Westeuropa zum Einsatz. Die geplante Ausführung Ar 234 A-1 wurde nicht gebaut, da der Einsatz der mit Kufenfahrgestell ausgerüsteten Musterflugzeuge in der täglichen Flugpraxis viel zu aufwendig war.

Der Erprobung der ersten Ausführung mit Einziehfahrwerk dienten die Versuchsmuster Ar 234 V9 bis V18 (WerkNrn. 130009 bis 130011 und 130022 bis 130028). Die letzten dieser Maschinen wurden im April 1945 von eigenen Truppen gesprengt. Zuvor waren die Maschinen für die Ausrüstungs- und Waffenerprobung eingesetzt worden. Aus diesen Baumustern ergaben sich die Baureihen B-1 und B-2. Nach der Herstellung der Nullserie B-0, lief zunächst der zweistrahlige Bomber Ar 234 B-2 vom Band. Als ebenfalls zweistrahliger Aufklärer wurde die B-1 gebaut. Bei der Mehrzahl der Aufklärer handelte es sich jedoch um nachträglich aus Bombern umgerüstete Maschinen, die sodann die Bezeichnung B-2b (b = Reihenbildanlage) trugen.

Als Vorläufer der ersten vierstrahligen Düsenbomber sollten die Versuchsmuster Ar 234 V19 bis V32 (WerkNrn. 130029 ff.) dienen. Von diesen lassen sich allerdings nur die ersten neun Flugzeuge nachweisen. Infolge des bevorstehenden Zusammenbruchs kam es nicht mehr zur Fertigstellung der mit neuen Flächen geplanten Ar 234, von denen die erste die WerkNr. 130068 trug. Nachdem es schon nicht zum Serienbau der Ar 234 C-1 und C-3 gekommen war, lief als erste C-Version die C-3 vom Band. Als letzte Ar 234 C-Ausführung befand sich Anfang 1945 die erste Ar 234 C-5 im Bau.

Alle geplanten Baumuster, die der Erprobung der Ar 234 D dienen sollten, konnten 1945 nicht mehr realisiert werden. Die Ar 234 V33 bis V40 waren vor allem als Musterflugzeuge für die D-1 (Bomber), D-2 (Nachtjäger) und D-3 (Schlachtflugzeug) geplant. Auch die zahlreichen noch 1944 begonnenen Entwicklungen (E, F und G), sowie die Ausführungen der Ar 234 P-1 bis P-5, alles leistungsfähige strahlgetriebene Nachtjäger, deren Entwicklung Anfang 1945 bereits sehr weit fortgeschritten war, blieben unvollendet. Infolge fehlender Triebwerke der zweiten Generation, insbesondere der Heinkel S11-Strahlturbinen kamen die meisten Ar 234-Versionen nicht über das Zeichenbrett hinaus.

Die Ar 234 V17 wurde von zwei BMW 003-Turbinen angetrieben.

Das zehnte Serienflugzeug, die Ar 234 S10 (E2+20) während der Erprobung in Rechlin.

Blick in die frühe Attrappe der geplanten Ar 234 B-Ausführung.

Baureihe	Triebwerk	Bewaffnung – Beladung	Abwurf-Anlage	Kraftstoff	FT-Gerät	Sonstiges
Ar 234 B-1 (A)	2 x Jumo 004- B2	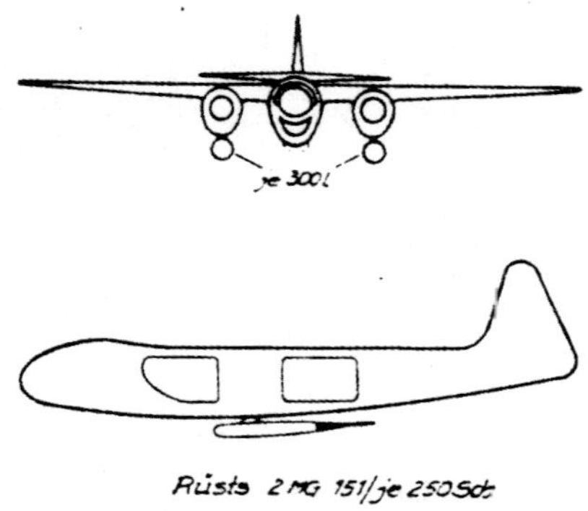	-	3700 l in 2 Beh. 2 abwerfb. 300 l Zusatzbeh. an den. Bombenschlössern möglich. (statt 2x 300 l spät. 2 x 600 l)	FuG 16Z FuBl 2F FuG 25a	Vollsichtkanzel. 2 RB 75/30 oder 2 RB 50/30 " 1 RB 75/30 + 1 RB 20/30 oder 1 RB 50/30 + 1 RB 20/30
Ar 234 B-2 (K)	"	"	Schloß 2000 unter dem Rumpf. ETC 504 unter den Triebwerken	"	"	Vollsichtkanzel.
Ar 234 C-1 (A)	4 x BMW 003- A1	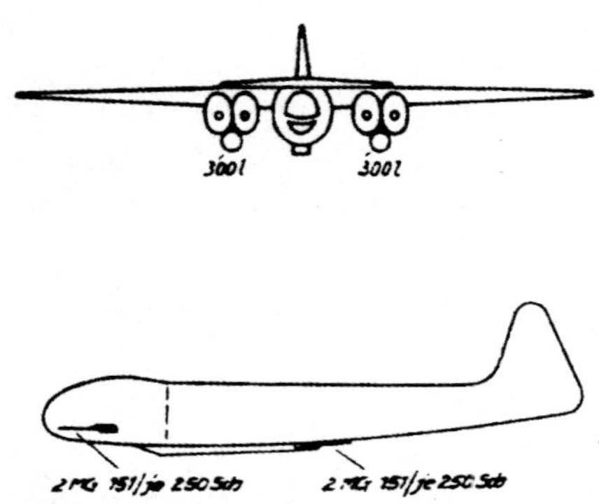	-	"	FuG 16ZY FuG 25a FuG 136 (FuG 217) FuG 102	1 Mann Druckkabine mit Vollsichtkanzel. RB wie B-1
Ar 234 C-2 (K)	"	"	"	"	"	"
Ar 234 C-3 (K)	"	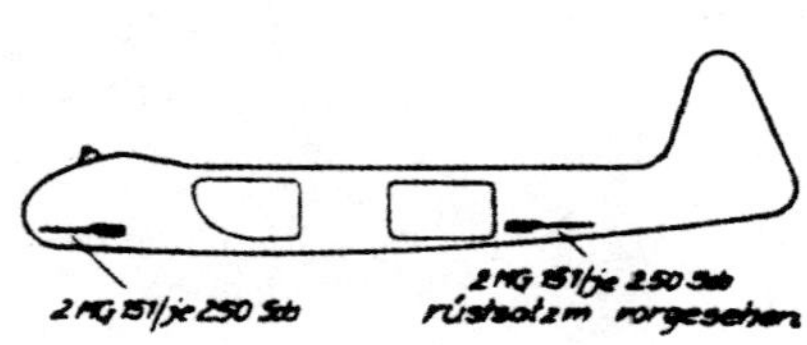	-	"	FuG 15 FuG 25a FuG 102A FuG 136 FuG 217 FuG 142	1 Mann Druckkabine mit Vollsichtkanzel, 2 Walter R-Geräte mit je 500 kg Schub als Starthilfe vorgesehen. BZA 1-B mit Vor- und Rückblick-Periskop, Lotfe 7 K
Ar 234 D (A und K)	2x He S 011	wie Ar 234 C-1	wie C-1	wie C-1	wie C-1	wie C-1

Für die Erprobung der Ar 234 war eigens ein Erprobungskommando in Lärz bei Rechlin aufgestellt worden. Die taktische Erprobung übernahm die Einsatzstaffel des KG 76, die von Hauptmann Lukesch geführt wurde. Die Aufstellung des ersten mit der Ar 234 ausgerüsteten Strahlbombergeschwaders konnte infolge der geringen Ausbringung der Ar 234 nicht zu Ende geführt werden.

Die Ar 234 V21 gilt als Vorläufer der C-3-Baureihe.

Der einzige mit der Ar 234 B-2 ausgerüstete Kampfverband war das KG 76.

Kabinenattrappe der zweisitzigen Ausführung der Ar 234 C.

Die Ar 234 stellte neben der Me 262 A-2 den einzigen "Blitzbomber" dar. Infolge der zunächst kaum beherrschbaren Triebwerkstechnik hatte sich die Aufnahme der Serienproduktion jedoch so stark verzögert, dass die erste mit der Ar 234 B-2 ausgerüstete Kampfgruppe (III./KG 76) erst Anfang 1945 den Einsatz über Nordwesteuropa aufnehmen konnte. Die technische Auslegung der Maschine sowie die im Vergleich zu Kolbenflugzeugen hohen Leistungswerte befähigten die Piloten trotz zahlenmäßiger alliierter Überlegenheit, ihre Kampf- und Aufklärungseinsätze durchzuführen.

Technische Daten

Baumuster	Ar 234 B-2
Besatzung	1
Spannweite	14,39 m
Länge	12,64 m
Höhe	4,30 m
Höchstgeschwindigkeit	735 km/h
Dauergeschwindigkeit	700 km/h
Landegeschwindigkeit	145 km/h
Steigzeit	3,8 min auf 2.000 m
Steigzeit	30 min auf 8.000 m
Flugmasse	19.130 kg
Leermasse	10.800 kg
Reichweite	1.600 km
Gipfelhöhe	12.500 m

Ar 396

Die Entwicklung der Ar 396 entsprang dem Wunsch der Luftwaffe, ein leistungsfähiges, zweisitziges Schulflugzeug zu besitzen, das für die Ausbildung von Jägerpiloten, aber auch für die allgemeine Schulung von Flugzeugführern eingesetzt werden konnte. Die Arbeiten an der weitgehend in Holzbauweise herzustellenden Schulmaschine setzten spätestens im Spätsommer 1942 ein. Es war sowohl eine einsitzige als auch eine zweisitzige Ausführung in Entwicklung. Ein erster hölzerner Ar 396-Rumpf wurde Mitte 1943 festigkeitsmäßig untersucht. Die Besichtigung der 1:1 großen Attrappe fand kurz vor dem 3.07.1943 in Paris statt. Bei S.I.P.A. sollten die ersten drei Versuchsmuster (Ar 396 V1 bis V3) sowie 25 A-0-Maschinen entstehen. Dieses Vorhaben musste infolge der Invasion in Frankreich scheitern. Kurz zuvor war das erste Musterflugzeug, die Ar 396 V1 (SO+DA), im April 1944 von Werkspilot Eheim eingeflogen worden. Die Produktion der Ar 396 wurde daher den Letov/Avia-Werken übertragen und dort die Ar 396 V4 bis V5 in Auftrag gegeben, von denen die V4 im August den Flugbetrieb aufnahm. Die V5 folgte am 10.10.1944 und sollte der Vorläufer von 300 Ar 396 A-1 und A-2 werden.

Die Vorbereitungen für die Serienfertigung waren im September 1944 nahezu abgeschlossen. Die ersten Nullserienflugzeuge (A-0) wurden Anfang 1945 bei Letov fertiggestellt. Am 28.02.1945 flog die Ar 396 A-0 (WerkNr. 460003), am 12.03.1945 die Maschine mit der Werknummer 460007 und am 3.04.1945 die mit der WerkNr. 460010. Die Ar 396 A-1 (Werknummer 460042, RT+WL) flog mit tschechischen Hoheitsabzeichen versehen, während des Prager Aufstands am 5.05.1945 einen Aufklärungseinsatz.

Die Ar 396 sollte als Ablösung für die Ar 96 dienen.

Das zweisitzige Schulflugzeug Ar 396 stellte die infolge fehlender Ressourcen produzierte Sparausführung der Ar 96 dar. Infolge des alliierten Vormarsches in Frankreich, brach die dort geplante Produktion zusammen. Aber auch die in Tschechien unternommenen Anstrengungen führte kriegsbedingt nur zu einer relativ bescheidenen Anzahl an fertiggestellten Ar 396 A-0 und A-1. Erst nach dem Krieg wurde die Ar 396 bei S.I.P.A. als S-10 bis S-12, sowie in der damaligen CSSR als C-2 B-1 in größeren Stückzahlen gebaut.

Technische Daten	
Baumuster	Ar 396 A-1
Besatzung	2
Spannweite	11,00 m
Länge	9,29 m
Höhe	3,72 m
Spurweite	2,28 m
Höchstgeschwindigkeit	355 km/h in 2.500 m
Dauergeschwindigkeit	275 Im/h
Landgeschwindigkeit	215 km/h
Steigzeit	10,6 min auf 4.000 m
Flugmasse	2.130 kg
Leermasse	1.721 km
Reichweite	790 m
Gipfelhöhe	8.000 m

Baureihe	Triebwerk	Bewaffnung – Beladung	Abwurf-Anlage	Kraftstoff	FT-Gerät
Ar 396 A-1 (Schul)	As 411	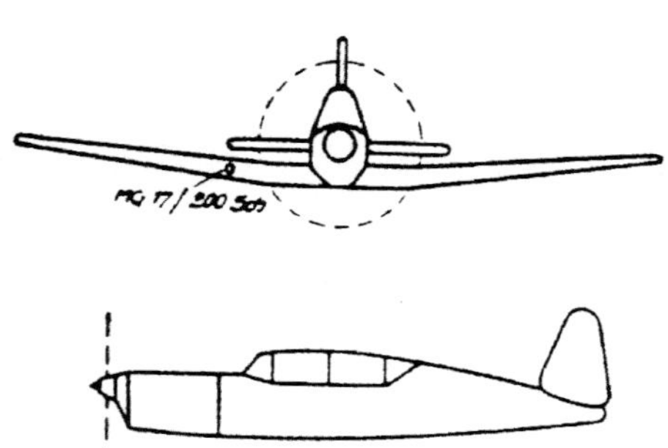		250 l	FuG 16Z?
Ar 396 A-2 (Schul)	"	" " ohne Waffen, ohne FT		"	

Bü 181

Die Entwicklung eines modernen Schulflugzeugs mit zwei nebeneinander liegenden Sitzen begann 1939 bei den Bücker-Werken in Berlin. Der erste Prototyp, die Bü 181 V1, D-EPDS (Werk Nr. 6001), wurde im Februar 1939 vom Chefpilot des Werks, Arthur Benitz, eingeflogen. Die als "Bestmann" bezeichnete Maschine stellte nach dem Urteil von Ernst Udet "genau das richtige Flugzeug für unsere Anfänger-Ausbildung" dar. Bei der bei der Luftwaffe eingeführten Maschine handelte es sich um einen freitragenden Tiefdecker, von dem drei unterschiedliche Versionen gebaut wurden. Die jeweils von einem Hirth HM 500 A-Reihenmotor angetriebenen Schulmaschinen der Baureihen B bis D unterschieden sich äußerlich nicht, sondern wiesen nur eine unterschiedliche Festigkeit der Flugzeugzelle auf.

Im März 1945 wurden etliche Bü 181, die zuvor bei den verschiedenen Flugschulen im Reichsgebiet verwandt worden waren, als provisorische Nachtschlachtflugzeuge hergerichtet. Beispielsweise wurden bei der Luftkriegsschule (LKS) 2 in Gatow bei Berlin Maschinen mit ETC 50-Bombenaufhängungen versehen. In Magdeburg wurden andere Bü 181 mit jeweils zwei auf den Flächen auf- und untergebauten Panzerfäusten versehen, die über Baudenzüge ausgelöst werden konnten. Die ungepanzerten Panzerbekämpfungsflugzeuge erhielten ein Reflexvisier (Revi) und wurden an die Panzerjagdstaffeln verteilt. Die letzten mit diesem ungepanzerten "Schlachtflugzeug" ausgerüsteten Einheiten retteten sich Anfang Mai 1945 in die Schweiz, nachdem die Masse zuvor von alliierten Truppen überrollt worden war.

Nach dem Ausbau des beschädigten Triebwerks wurde die Bü 181 zur Werft gezogen.

Technische Daten	
Baumuster	Bü 181
Besatzung	2
Spannweite	10,60 m
Länge	7,85 m
Höhe	2,06 m
Spurweite	1,90 m
Höchstgeschwindigkeit	215 km/h
Dauergeschwindigkeit	190 Im/h
Landgeschwindigkeit	80 km/h
Steigzeit	21,6 min auf 3.000 m
Flugmasse	800 kg
Leermasse	475 kg
Reichweite	790 m
Gipfelhöhe	5.000 m

Baureihe	Triebwerk	Bewaffnung – Beladung	Abwurf-Anlage	Kraftstoff	FT-Gerät	Sonstiges
Bü 181 B (Schul)	HM 500 A	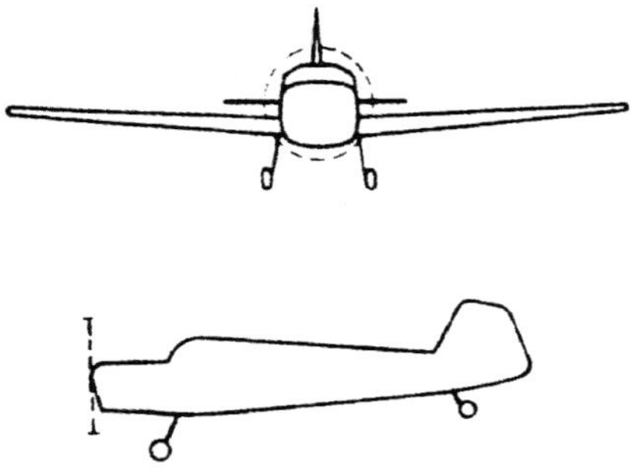	---	100 l	---	Schul- und Beiseflugzeug
Bü 181 C (Schul)	"	Zwischen Bü 181 B, C und D bestehen nur festigkeitsmäßige Unterschiede	---	"	---	"
Bü 181 D (Schul)	"		---	"	---	"

Als Schulflugzeug leistete die Bü 181 "Bestmann" hervorragende Dienste bei der Ausbildung von Einsatzpiloten der Luftwaffe. Die Maschine war nahezu bei allen Flugzeugführerschulen (FFS A/B) zu finden. Weitere Maschinen dienten bei fliegenden Verbänden als Verbindungsflugzeuge. Die Verwendung des ungepanzerten Leichtflugzeugs als Behelfsschlachtflugzeug war jedoch von Anfang an zum Scheitern verurteilt und ist nur durch den bevorstehenden Zusammenbruch der deutschen Streitkräfte zu erklären.

Diese Bü 181 gehörte zur Flugzeugführerschule (FFS) A/B 113.

Nach der Endmontage entstand diese Aufnahme einer Bü 181 in Rangsdorf.

Die Bü 181 wurde entweder von einem HM 504 oder einem HM 506 angetrieben.

Do 335

Auf Grund der immer leistungsfähigeren alliierten Einsatzmuster und fehlender leistungsstarker Triebwerke ging Dornier mit der Do 335 einen eigenen Weg. Ausgehend von der am 28.09.1942 erfolgten Ausschreibung für einen Schnellstbomber, kam es angesichts der kaum zu übersehenden Probleme mit den mit Strahlturbinen ausgerüsteten Einsatzmustern Ar 234 und Me 262 ab Sommer 1943 zur Entwicklung eines "Reserveflugzeugs", der späteren Do 335. Der Erstflug der ersten Maschine, der Do 335 V1 (CP+UA), erfolgte durch Hans Peterle am 26.10.1943. Am 31.12.1943 folgte das zweite Musterflugzeug, die Do 335 V2 (CP+UB) und am 20.01.1944 die dritte Maschine (V3, CP+UC). Insgesamt wurden die Versuchsmuster V 1 bis V14 fertiggestellt und bei Dornier sowie beim Erprobungskommando 335 in technischer und taktischer Hinsicht überprüft und stetig verbessert.

Außerdem gab es eine Nullserie, die Do 335 A-0, von der zwölf Maschinen bestellt worden waren. Nach dem vorzeitigen Verlust der ersten Nullserienmaschine, der A-01, wurden die übrigen elf Maschinen zwischen September 1944 und Januar 1945 flugklar und nahmen die Erprobung auf.

Auf der Basis der Do 335 A-1 entstand auch der schwere zweimotorige Zerstörer Do 335 B-0 (B-2) und etliche mehrsitzige, äußerst leistungsfähige Nachtjäger, von denen einige anstelle des Hecktriebwerks eine Strahlturbine erhalten sollten.

Als zweisitzige Ausführung der Do 335 A und B wurde die Do 435 entwickelt, wobei die Besatzung seitlich hintereinander versetzt im vergrößerten Rumpf Platz fand. Wie bei den späten Do 335 B-Versionen wurde die Ausrüstung mit größeren Flächen auch hier erwogen. Die Maschinen sollten schnellstmöglich entweder als Kampfflugzeug, als Nachtjäger oder als Zerstörer zum Einsatz kommen. Die Do 435 A war als Kampfflugzeug, die B als Nachtjäger, C als Höhenjäger und die D-Versionen als Führungsflugzeug vorgesehen.

Die viermotorige Do 635, also die Zwillingsversion der Do 335, wurde zunächst bei Heinkel und dann zusammen mit Junkers entwickelt, um einen leistungsfähigen Fernaufklärer zu schaffen, um für den U-Boot-Krieg verlässliche Aufklärungsergebnisse zu gewinnen. Wie schon von der Do 335 B konnten auch von der C und D nicht einmal Musterflugzeuge erstellt werden. Von der viermotorigen Ausführung kam man immerhin bis zu einer Kabinenattrappe im Maßstab 1:1.

Die Werkserprobung der Do 335 V3 erfolgte in Mengen/Württemberg.

Baureihe	Triebwerk	Bewaffnung – Beladung	Abwurf-Anlage	Kraftstoff	FT-Gerät	Sonstiges
Do 335 A-1 (Z)	DB 603 E	 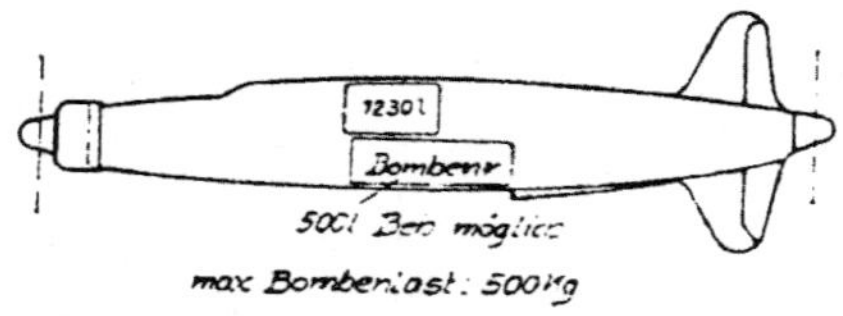 	Schloß- lafette 500/1000/XI Schloß 2000/XIII oder Schloß 500	i.R. 1230 l i.Fl. je 310 l zusätzlich i.R. 500 l möglich Ges.Inh. 2350 l	FuG 16Z (Y) FuG 125 FuG 25a (FuG 101a räumlich vorge- sehen).	Jaboklar ohne 500 l·Behälter
Do 335 A-6 (N)	DB 603 E/G	"	–	i.R. 500 l i.Fl. je 310 l Zusatzbeh. i.R. 500 l Außenbeh. abwerfbar 2 x 300 l Ges.Inh. 2220 l	FuG 15 Ei-V. FuG 25a FuG 120 FuG 220 (FuG 218) FuG 350Z (FuG 353) FuG 101a räumlich vorge- sehen.	Umrüstung aus A-1, zweisitzig.
Do 335 A-10 (Schul)	"	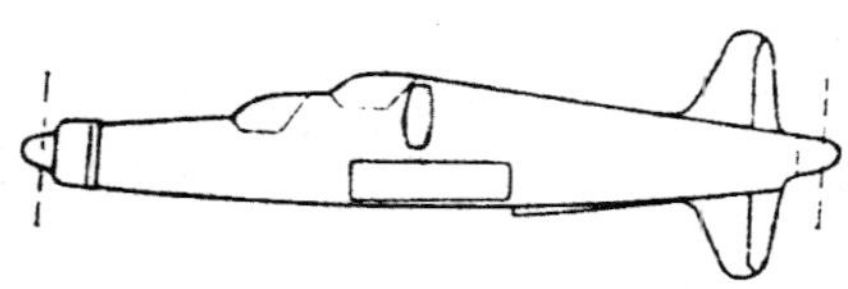	–	i.R. 355 l i.Fl. je 375 l Ges.Inh. 1105 l	FuG 16Z (Y) FuG 25a Ei-V-7 FuG 101 räumlich vorge- sehen.	Doppelsteuerung
Do 335 A-11 (Schul)	"	"	–	" Ges.Inh. 1105 l	"	" Umrüstung aus A-1
Do 335 B-2 (Z)	"	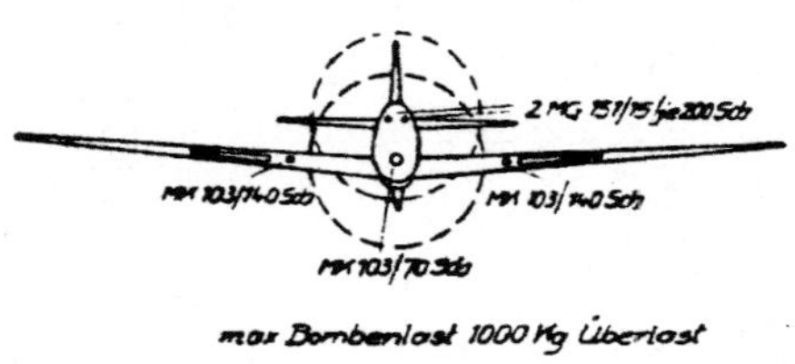 	wie A-1	i.R. 1230 l i.Fl. je 210 l Ges.Inh. 1650 l zusätzlich i.R. 500 l oder 250 l GM 1 bezw. MW 50	FuG 15 FuG 25a FuG 125 FuG 101 räumlich vorge- sehen.	Erhöhung des Lastvielfachen, Jaboklar.
Do 335 B-4 (Z)	DB 603 L	"	"	"	"	Fläche 45,5 m^2 statt 38,5 m^2, Jaboklar.
Do 335 B-6 (N)	DB 603 E/G	 	–	wie A-6	wie A-6	Umrüstung aus B-2, zweisitzig.
Do 335 B-7 (N)	"	wie Do 335 B-6	–	"	"	vergröß.Fläche Jaboklar.
Do 335 B-8 (N)	DB 603 L	wie Do 335 B-6 a S	–	wie B-6 a S	wie B-6 a S	vergröß.Fläche Jaboklar.
Do 335 B-12 (Schul)	DB 603 E/G	wie Do 335 A-11 a S	–	wie A-11 zusätzlich 2 x 210 l i.Fl. Ges.Inh. 1525 l	FuG 15 FuG 25a Ei-V-7 FuG 101	Umrüstung aus B-2, Doppelsteuerung

Das beschädigte fünfte Nullserienflugzeug der Do 335 A-0 bei Kriegsende.

Die zweite Do 335 A-11 überlebte den Krieg und wurde von amerikanischen Truppen erbeutet.

Technische Daten

Baumuster	Do 335 A-1
Besatzung	1
Spannweite	13,80 m
Länge	13,85 m
Höhe	5,00 m
Höchstgeschwindigkeit	775 km/h in 6.400 m
Dauergeschwindigkeit	695 Im/h
Steigzeit	1,3 m auf 1.000 m
Flugmasse	9.550 kg
Leermasse	7.300 kg
Reichweite	1.390 km
Gipfelhöhe	11.250 m

Die Entwicklung der äußerst vielversprechenden Do 335 blieb bereits bei der ersten Großserienbaureihe, der Do 335 A-1 stecken. Ebenso kamen von den doppelsitzigen Schulmaschinen und den schweren Zerstörern der Baureihe B nur noch Einzelstücke heraus. Wegen der Einschränkungen bei den Materialzuteilungen und dem Anlauf der strahlgetriebenen Einsatzmuster, blieben alle Anstrengungen vergebens, eine erste Einheit mit der Do 335 A-1 auszustatten. Gleiches gilt für die geplante, viermotorige Do 635, einen überaus leistungsfähigen Fernaufklärer, oder die einzelnen Nachtjäger-Projekte.

Fi 156

Ausgangspunkt für die Entwicklung des legendären Fieseler "Storchs" war der Europa-Rundflug im Jahre 1934. Die Veranstalter hatten hervorragende Langsamflugeigenschaften, kürzestmögliche Start- und Landestrecken, geringen Kraftstoffverbrauch und einiges andere vorgeschrieben. An der Auswahl nahmen außer der Klemm Kl 35, der Bayrischen Flugzeugwerke BFW Bf 108 auch die Fieseler Fi 97 teil. Gleiche Interessen hatte auch das RLM, das Anfang November 1935 nach einem entsprechenden Verbindungsflugzeug verlangte.

Am 10.05.1936 erfolgte durch Gerhard Fieseler in Kassel der Erstflug der Fi 156 V1 (WerkNr. 601, D-IBXY). Die Maschine konnte sich in der Folgezeit gegen die Mitbewerber (Bf 163 und Si 201) durchsetzen. Dem ersten Versuchsmuster folgten die Fi 156 V2 (WerkNr. 602, D-IGLI) und die Fi 156 V3 (WerkNr. 603, D-IGQE) sowie die V4 (WerkNr. 604), eine Bruchzelle.

Danach begann der Bau einer Nullserie (Fi 156 A-0), die aus zehn Flugzeugen bestand und deren erste Flugzeuge ab Anfang 1937 die Erprobung aufnahmen. Anschließend wurden 14 Fi 156 B-0 produziert. Von diesen wurde die Maschine mit der WerkNr. 617 zum Vorläufer der in großen Stückzahlen hergestellten Fi 156 C-1, von denen einige der ersten Maschinen an die Hansa-Luftbild, die DFS, die E-Stelle Travemünde und an die Flugstaffel Hitlers geliefert wurden. Im Zweiten Weltkrieg wurde die Fi 156 bei allen Verbindungsstaffeln zum unverzichtbaren Werkzeug.

Die Produktion der A-0 sowie der B-0 erfolgte 1937 bei den Fieseler-Werken, gleiches gilt für die 286 Fi 156 C-1, 236 Fi 156 C-2 und 272 Fi 156 C-3. Von der Tropenversion der C-3, der C-3/trop., baute Morane in Frankreich 525 Flugzeuge. Von der Baureihe C-5 sowie einigen D-0 wurden insgesamt etwa 1.000 Maschinen produziert. Die Fi 156 C-7 lief zunächst bei der Firma Leichtbau Budweis und dann bei Mràz mit 63 beziehungsweise 40 Flugzeugen vom Band. Zusätzlich wurden bis zum Sommer 1944 von Morane nochmals 250 Fi 156 C-7 endmontiert.

Bei den Ausführungen der Fi 156 D-0, D-1, E-0, F-0 und F-1 handelte es sich um in relativ geringer Anzahl gebaute beziehungsweise umbaute Flugzeuge. Von der verbesserten Ausführung des "Storchs", der Fi

Technische Daten

Baumuster	Fi 156 C-1
Besatzung	2
Spannweite	14,25 m
Länge	9,90 m
Höhe	3,05 m
Spurweite	3,40 m
Höchstgeschwindigkeit	175 km/h
Dauergeschwindigkeit	150 km/h
Mindestgeschwindigkeit	80 km/h
Steigzeit	4,5 min auf 1.000 m
Flugmasse	1.100 bis 1.295 kg
Leermasse	910 kg
Reichweite	380 km
Gipfelhöhe	4.600 m

Anlassen einer Fi 156 C durch Mitarbeiter des Herstellers.

Baureihe	Triebwerk	Bewaffnung – Beladung	Abwurf-Anlage	Kraftstoff	FT-Gerät	Sonstiges
Fi 156 C-1 (V)	As 10 C-3	 Rüstsatze: 1. Fieselerspinne 2. FT-Anlage FuG 16 3. Schneekufen 4. Panzerspitze (nicht für F-1) 5. Elektrisch beheizte Sichtscheibe 6. Scheinwerfer 7. Winternotausrüstung 8. Azetylenflasche mit Anschlußteilen 9. FT-Anlage FuG 21a (nur für F-1) 10. ETC 50 (nur für F-1)		148 l, zusätzlich 74 l je Fläche		Austauschflächen mit je 174 l Beh. 2 Mann, im Sonderfall 3 Mann. Rüstsatz 1,3 bis 8
Fi 156 C-2 (V)	"	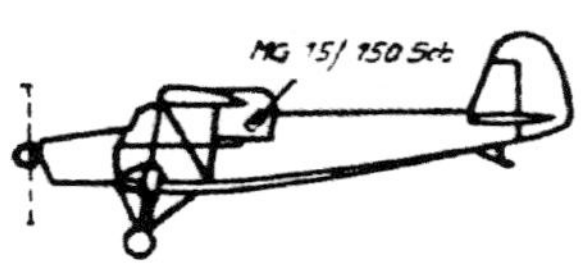 		"		mit geändertem Rumpf (Aufbau für MG-Einbau) Rüstsatz 1 bis 8
Fi 156 C-3 (V)	As 10 R bzw. As 10 P	wie Fi 156 C-2		wie C-1		zusätzlich Teile für Tropeneinsatz. Rüstsatz 1 bis 8
Fi 156 C-5 (V)	As 10 C-3	"		" rechte Fläche 74 l; linke Fläche 174 l		"
Fi 156 C-7 (V)	As 10 R bzw. As 10 P	"				geänderter Rumpf (ohne Aufbau für MG-Einbau)
Fi 156 D-0 (V San)	As 10 C-3	wie C-2, jedoch Einbau von 2 Feldtragen 37, bzw. 1 Feldtrage und 1 Begleitersitz mit seitlicher Rumpfklappe. Rüstsatz 3, 5, 6, 7, 8.				
Fi 156 D-1 (V San)	As 10 R bzw. As 10 P	wie C-3, jedoch Einbau von 2 Feldtragen wie D-0. Rüstsatz 3, 5, 6, 7, 8.				
Fi 156 D-2 (V San)	"	wie D-1, nur fertigungstechnische Verbesserungen. Rüstsatz 3, 5, 6, 7, 8.				
Fi 156 F-0 (V)	As 10 C-3		ETC 50	148 l; zusätzlich 74 l je Fläche		ETC 50 teilweise nachgerüstet Rüstsatz 3, 5 bis 9
Fi 156 F-1 (V)	As 10 R bzw. As 10 P	" "	"	"		ETC 50 an den Flügelstreben Rüstsatz 3, 5 bis 10 Lagerung für MG links und rechts Halterung für 1 MP mit 2 Magazinen in der Kabine

256, verließen sechs Versuchsmuster, fünf Nullserienflugzeuge (A-0) und mindestens fünf Serienflugzeuge (A-1) die Fertigungsstätte.

Der Fieseler "Storch" war als leichtes, vor allem aber robustes Verbindungsflugzeug auf allen Kriegsschauplätzen im Einsatz. Infolge seiner leichten Bedienbarkeit und vorzüglicher Flugleistungen blieben die Maschinen dieses Typs bis zum Kriegsende im Einsatz an allen Fronten. Noch heute sind die Punktlandungen auf kleinstem Raum berühmt. Infolge seiner niedrigen Mindestgeschwindigkeit und einer ausgezeichnet verglasten Kabine wurde die Maschine schnell zum fliegenden Feldherrenhügel. Die Produktion eines Nachfolgemusters, der Fi 256, musste kriegsbedingt eingestellt werden, da es an Rohstoffen mangelte.

Die Fi 156 war als Reise- und Verbindungsflugzeug für Stäbe und Führungspersönlichkeiten unentbehrlich.

Außer als Verbindungsflugzeug wurde die Fi 156 oftmals als Sanitätsmaschine genutzt.

Fw 190

Mitte der Dreißiger Jahre war man sich im Reichsluftfahrtministerium (RLM) darüber einig, dass mittelfristig weit leistungsfähigere Jagdflugzeuge benötigt würden. Auf Wunsch des RLM sollten deshalb sogenannte "Verfolgungsjagdeinsitzer" entwickelt werden, worunter auch die spätere Fw 190 fiel. Für Maschinen dieser Art hatte das Technische Amt (TA) des RLM im Jahre 1937 seine technisch-taktischen Anforderungen zusammengestellt. Die beim TA eingereichte Projektbaubeschreibung führte 1938 zum Bau einer Vollattrappe. Das Nullserienprogramm vom 26.04.1939 wies drei Fw 190-Maschinen auf, von denen zwei (V1 und V2) mit einem BMW 1939-Sternmotor, die V3 mit einem BMW 801-Doppelsternmotor ausgerüstet werden sollte. Erstmals hob die unbewaffnete Fw 190 V1 (WerkNr. 0001, D-OPZE, FO+CY) am 1.06.1939 unter Führung des Werkspiloten Flugkapitän Hans Sander im Werk Bremen ab.
Nachdem sich gezeigt hatte, dass die Starrbewaffnung den immer schwereren alliierten Einsatzmustern nicht mehr gewachsen war, wurde die Rumpfbewaffnung zunächst von MG 17 auf MG 131, die Bewaffnung in den beiden Flügelwurzeln vom MG 17 auf 20 mm Kanonen (MG 151/20) und die Flächenbewaffnung schließlich auf MG 151/20 verstärkt. Hinzu kamen Gondelwaffen von 3 cm (MK 103 oder MK 103) oder Werfergranaten (Wgr. 21). Die geplanten Luft-Luft-Raketen des Typs Kramer X-4 kamen für den Einsatz zu spät. Besonders bewährten sich in der Endphase des Zweiten Weltkriegs jedoch die Luft-Boden-Raketen "Panzerblitz" und "Panzerschreck".
Auch bezüglich der Leistungsfähigkeit durchlief die Fw 190 einen steten Wandel. Nachdem die Entwicklungsmöglichkeiten des BMW 801 ausgereizt waren, folgte der DB 603-Reihenmotor, der schnell durch den leistungsfähigeren Jumo 213 abgelöst werden sollte und zur Fw 190 D-9 und ihren Nachfolgern als kampfstarke Jagdmaschinen führte.
Außer als Jagdflugzeug wurden die Fw 190 A sowie die daraus abgeleiteten Fw 190 F und G auch als Jagdbomber und Schlachtflugzeuge verwandt. Insbesondere für die Luftnahunterstützung kam diesen Baureihen besondere Bedeutung in den Abwehrschlachten während der zweiten Kriegshälfte zu. Diverse Sonderentwicklungen wie die Höhenjäger auf der Basis der Fw 190 B und C spielten in der Praxis keine Rolle und können nur als Entwicklungsstudien angesehen werden.
Die Fw 190 A-8 und A-9 bildeten zusammen mit der Fw 190 D-9 ab 1944 - zusammen mit der Bf 109 G und K - zunehmend - den Kern der deutschen Tagjagdverbände, wobei die Tendenz bestand, die Ausrüstung zunächst weitgehend zu vereinheitlichen. Außer der Bf 109 G-10 sowie der K-4 sollte die Fw 190 D-9 ab Anfang 1945 bei den Jagdgeschwadern der Luftwaffe zur Standardausrüstung werden, ehe es zur Umrüstung auf die Me 262 A-1a oder die He 162 kommen würde.
Letzte Hochleistungsjagdflugzeuge, etwa die Fw 190 D-11 bis D-13 hatten insgesamt gute Chancen, sich gegen die neuesten alliierten Jagdflugzeuge durchzusetzen. Infolge des allgemeinen Zusammenbruchs, der auch die Flugzeugproduktion mit in den Strudel riss, konnte aber nur noch eine begrenzte Anzahl dieser Maschinen während der ersten Monate des Jahres 1945 vom Band laufen.

Die Fw 190 F-8 wurde vor allem als Schlachtflugzeug eingesetzt.

<table>
<tr><th>Baureihe</th><th>Triebwerk</th><th>Bewaffnung – Beladung</th><th>Abwurf-Anlage</th><th>Kraftstoff</th><th>FT-Gerät</th><th>Sonstiges</th></tr>
<tr><td>Fw 190 A-7/R-1 (J)</td><td>BMW 801 D</td><td>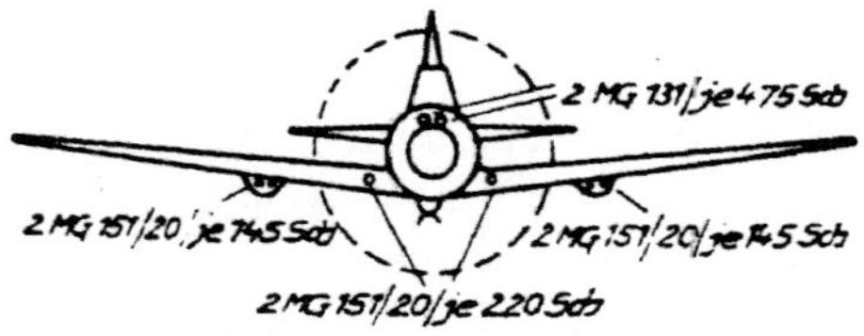</td><td>ETC 501</td><td>2 Rumpfbehälter 520 l, zusätzlich je 300 l abwerfbar möglich</td><td>FuG 16Z(E)
FuG 25a</td><td></td></tr>
<tr><td>Fw 190 A-7/R-2 (J)</td><td>"</td><td>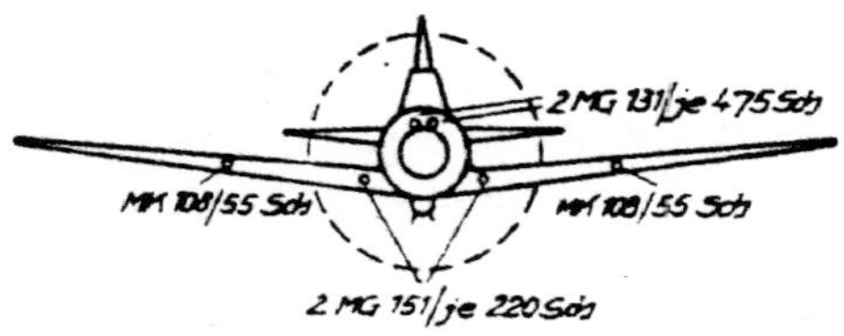</td><td>"</td><td>"</td><td>"</td><td>Vorläufer der Serie Fw 190 A-8/R-1</td></tr>
<tr><td>Fw 190 A-7/R-3 (J)</td><td>"</td><td></td><td>"</td><td>"</td><td>"</td><td></td></tr>
<tr><td>Fw 190 A-7/R-6 (J)</td><td>"</td><td>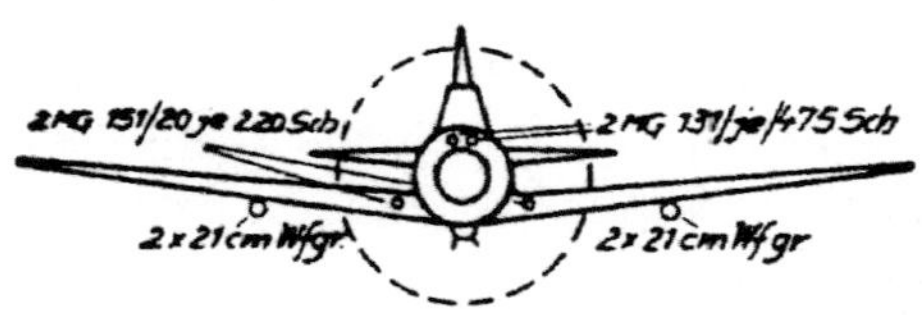</td><td>"</td><td>"</td><td>"</td><td>Umrüstung</td></tr>
<tr><td>Fw 190 A-8 (J)</td><td>"</td><td></td><td>"</td><td>"</td><td>"</td><td>Rumpfänderungen für wahlweise Einbaumöglichkeit einer GM 1-Anlage oder 115 l Rumpfbehälter. Wfgr. 21 cm Anlage zellenseitig eingebaut.</td></tr>
<tr><td>Fw 190 A-8/R-1 (J)</td><td>"</td><td></td><td>"</td><td>"</td><td>"</td><td>Nachrüstung</td></tr>
<tr><td>Fw 190 A-8/R-2 (J)</td><td>"</td><td></td><td>"</td><td>"</td><td>"</td><td></td></tr>
<tr><td>Fw 190 A-8/R-3 (J)</td><td>"</td><td>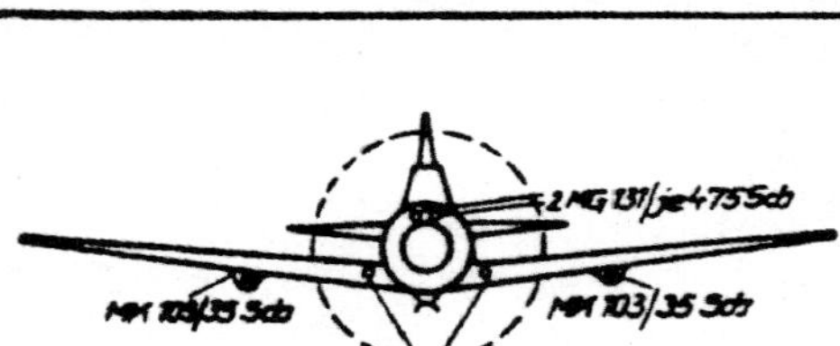</td><td>"</td><td>"</td><td>"</td><td>Vorläufig nur 10 Flugzeuge für Einsatzerprobung.</td></tr>
</table>

Fw 190 A-5 (J)	BMW 801 D		Rüstsatz 1 ETC 501. u.d.Rumpf	520 l in 2 Rpf.-Beh. + 300 l abwerfbar möglich	FuG 16Z FuG 25	
Fw 190 A-5/R1 (J)	"	"	"	"	FuG 16Z (E) FuG 25	Umrüstung
Fw 190 A-5/R6 (J)	"	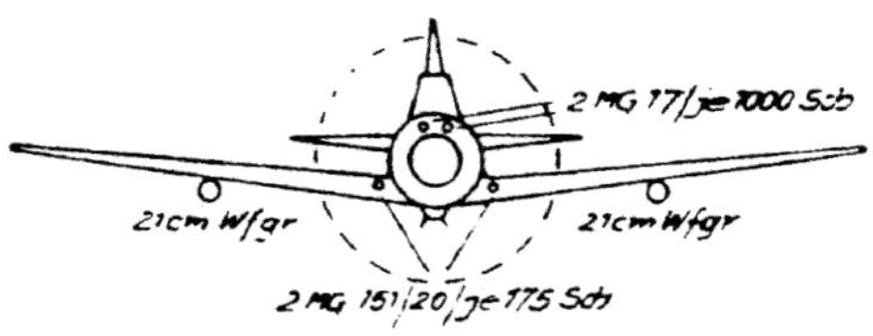	"	520 l in 2 Rpf.-Beh. + 300 l abwerfbar möglich		nicht in Serie gebaut
Fw 190 A-6 (J)	"	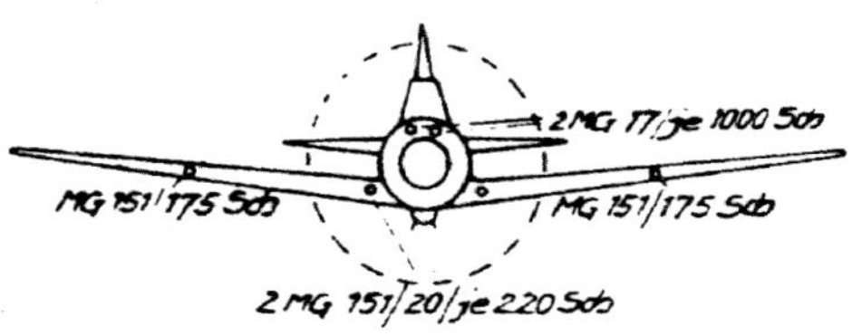	"	"	FuG 16Z FuG 25	
Fw 190 A-6/R1 (J)	"	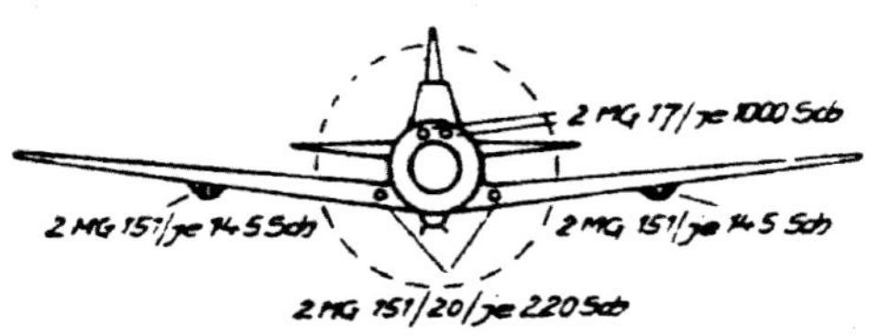	"	"	"	Nachrüstung
Fw 190 A-6/R3 (J)	"		"	"	"	
Fw 190 A-6/R6 (J)	"	wie Fw 190 /A-5/R 6	"	520 l in 2 Rpf.-Beh. + 300 l abwerfbar möglich	"	
Fw 190 A-7 (J)	"		Rüstsatz 1 ETC 501 u.d.Rumpf	520 l in 2 Rpf.-Beh. + 300 l abwerfbar möglich	FuG 16Z (E) FuG 25	

Technische Daten

Baumuster	Fw 190 A-8
Besatzung	1
Spannweite	10,50 m
Länge	8,95 m
Höhe	3,15 m
Höchstgeschwindigkeit	655 km/h in 5.000 m

Fw 190 A-8/ R-4 (J)	BMW 801 D	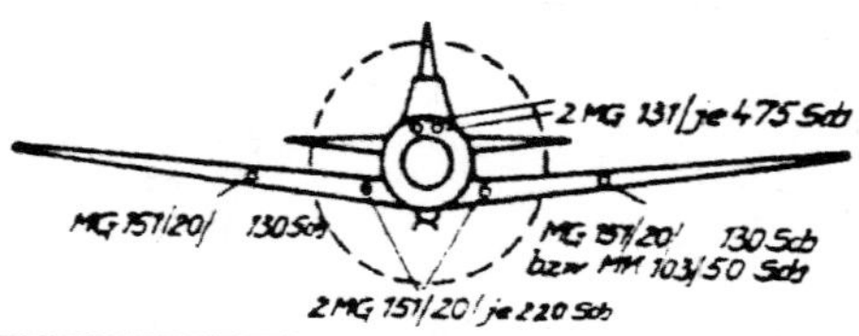	ETC 501	2 Rumpfbehälter 520 l, zusätzlich je 300 l abwerfbar möglich.	FuG 16Z (E) FuG 25a	
Fw 190 A-8/ R-7 (J)	"	wie Fw 190 A-8	"	"	"	wie A-8, zusätzlich Sturmstaffelpanzerung. Nachrüstung.
Fw 190 A-8/ R-8 (J)	"	wie Fw 190 A-8/R-2	"	"	"	wie A-8/R-2, zusätzlich Sturmstaffelpanzerung. Nachrüstung.
Fw 190 A-8/ R-11 (J)	BMW 801/TU	wie Fw 190 A-8	"	"	" FuG 125	Schlechtwetterjagd, Jägerkurssteuerung u. Blindflugausrüstung. Beheizte Sichtscheiben.
Fw 190 A-8/ R-12 (J)	BMW 801 D	wie A-8/R-2, jedoch Ausrüstung wie A-8/R-11	"	"	"	"
Fw 190 A-8/ U-1 (J/Schul)	"	umgebaut aus Fw 190 A-8, ohne Waffen	"	"	FuG 16Z (E) FuG 25a Ei-V-Anlage	Umrüstung, Schulzweisitzer.
Fw 190 A-9 (J)	BMW 801 TS/TH austauschbar gegen BMW 801 D	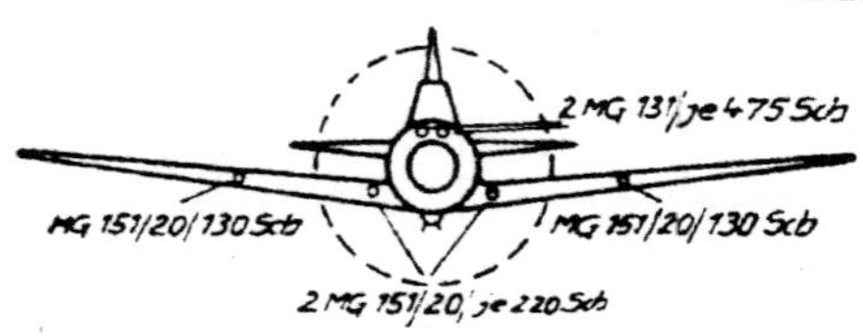	"	2 Rumpfbehälter 520 l, zusätzlich 2 x 300 l abwerfbar	FuG 16Z (E) FuG 25a	Rüstsatzmöglichkeiten wie Fw 190 A-8
Fw 190 A-9/ R-2 (J)	"	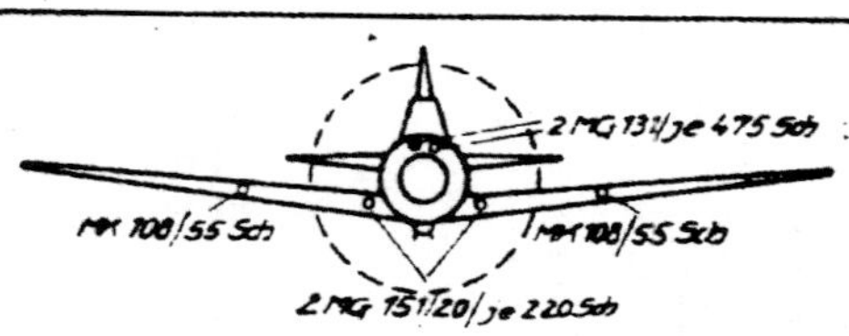	"	"	"	"
Fw 190 A-9/ R-11 (J)	"	wie Fw 190 A-8/R-11	"	"	" FuG 125	Schlechtwetterjagd, Jägerkurssteuerung.
Fw 190 A-9/ R-12 (J)	"	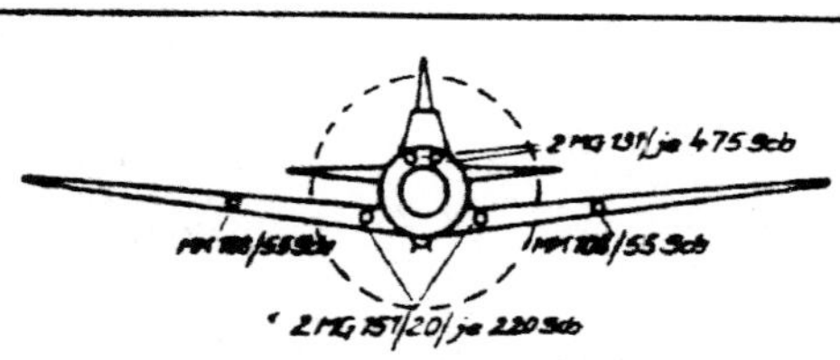	"	"	"	"
Fw 190 A-10 (J)	"	"	"	"	FuG 16Z FuG 25a	Laufrad 740 ø statt 700 ø Landeklappen und Fahrwerksbetätigung hydraulisch. Nur Nachrüstung.

Zusammen mit der Bf 109 gehörte die Fw 190 zu den Standardjagdflugzeugen der Luftwaffe. Nachdem die Maschinen immer leistungsstärkere Ausführungen des Doppelsternmotors BMW 801 und zuletzt den Reihenmotor Jumo 213 erhalten hatten, besaß die Luftwaffe wieder Jagdmaschinen, die leistungsmäßig mit den westlichen Alliierten gleichziehen konnten. Insbesondere die Wendigkeit im Luftkampf sowie gute Steigleistungen zeichneten die zuletzt eingesetzten Baureihen aus.

Als Hochleistungsjagdflugzeug kam der Fw 190 D-9 ab 1944 große Bedeutung zu. Die Abbildung zeigt eine als Schlachtflugzeug hergerichtete Maschine.

Die Fw 190 D-9 war alliierten Baumustern als leistungsstarkes Jagdflugzeug ebenbürtig.

Wegen der alliierten Luftangriffe musste auch die Produktion der Fw 190 unter Tage verlegt werden.

Baureihe	Triebwerk	Bewaffnung – Beladung	Abwurf-Anlage	Kraftstoff	FT-Gerät	Sonstiges
Fw 190 D-9 (J)	Jumo 213 A		ETC 501	2 Rumpfbehälter zus. 520 l, 115 l Beh., wahlweise Methanol oder Reichweite.	FuG 16Z FuG 25a	D-9 erhält Bewaffnungsverstärkung, Außenflügel 2 MK 108 bezw. 2 MG 151 MG 131 fallen weg. Umstellung erfolgt innerhalb der Serie.
Fw 190 D-9/ R-11 (J)	"	wie A-8 / R - 11	"	" zusätzlich 1 x 300 l abwerfbar	" FuG 125	Schlechtwetterjagd, Jägerkurssteuerung
Fw 190 D-11 (J)	Jumo 213 E	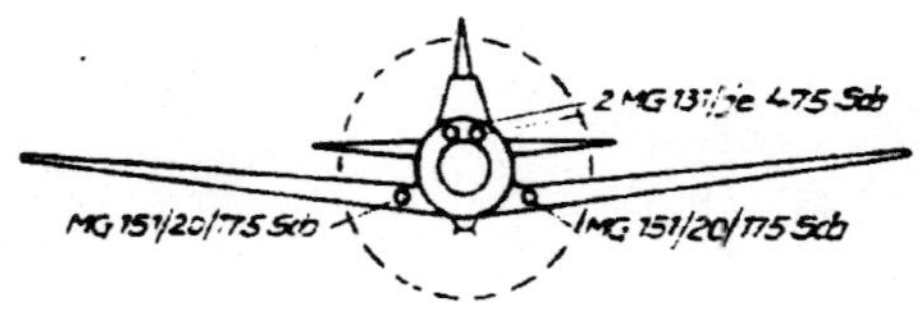	"	"	FuG 16Z FuG 25a	Nur Einzelflugzeuge für Triebwerkserprobung.
Fw 190 D-12 (J)	"	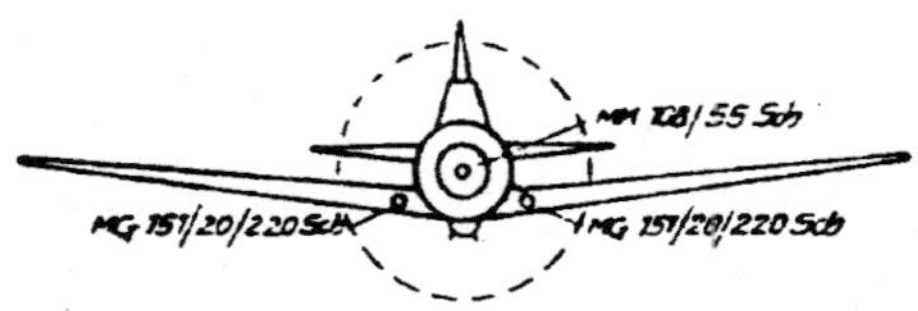	"	2 Rumpfbehälter 520 l 115 l Methanol	"	Methanol zur Leistungssteigerung bzw. in Höhe für Ladeluftkühlung
Fw 190 D-12 R-11 (J)	"	"	"	"	" FuG 125	Schlechtwetterjagd, Jägerkurssteuerung
Fw 190 D-13 (J)	"		"	"	FuG 16Z FuG 25a	
Fw 190 F-3/ R-1 (S)	BMW 801 D		2x ETC 50 unter jeder Fläche ETC 501 unter d.R.	2 Rumpfbehälter 520 l	"	
Fw 190 F-8/ R-1 (S)	"		"	" 115 l im Rumpf	"	
Fw 190 F-8/ R-3 (S)	BMW 801 D		2x ETC 50 unter jed. Fläche ETC 501 unter d.R.	2 Rumpfbehälter 520 l	FuG 16Z FuG 25a	kl. Stückzahlen für Versuchszwecke.

Fw 190 F-9/ R-1 (S)	BMW 801 TS später 801 TH	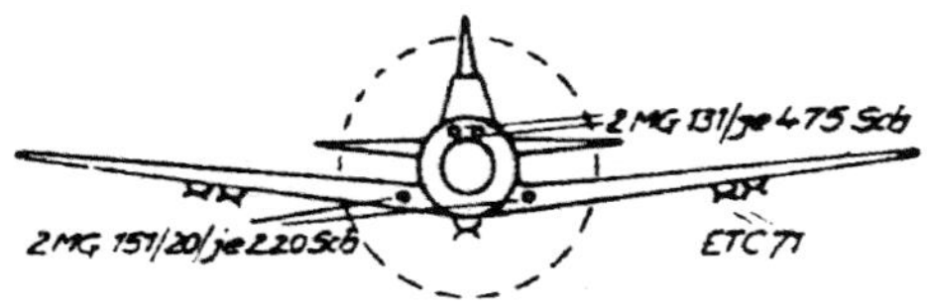	"	"	"	
Fw 190 F-15 R-1 (S)	"	"	" ETC 504 u.d.Rumpf [illegible] 501	"	"	Laufräder 740 x 210 und Sporn 380x150
Fw 190 G-3 (SK)	BMW 801 D		ETC 501	2 Rumpfbehälter 520 l 2 x 300 l abwerfbar	"	Kurssteuerung PKS ohne PKZ 14
Fw 190 G-3/ R-5 (S)	"		2 x ETC 71 ETC 501	2 Rumpfbeh. 520 l Zusatzbeh. 300 l unter d. Rumpf möglich	"	Für Schlachtfliegereinsatz umgerüstet aus G-3
Fw 190 G-8 (F-8 U1) (S)	"		1x ETC 503 ETC 501	"	"	Umrüstung aus Fw 190 F-8
Fw 190 G-8/ R-5 (S)	"		2 x ETC 71 ETC 501	2 Rumpfbehälter 520 l	FuG 16Z(Y) FuG 25a	Nur Nachrüstung

Zu den letzten in Kleinserie produzierten Fw 190-Jagdflugzeugen gehörten die D-11 bis D-13.

Ta 152

Selbst die späten Varianten der Fw 190, beispielsweise die A-8 und A-9 waren auf Dauer nicht in der Lage, sich gegen die modernsten alliierten Jagdmaschinen durchzusetzen. Die Suche nach immer besseren Lösungen auf der Basis bereits vorhandener Einsatzmuster spielte daher eine wichtige Rolle bei der Fortentwicklung der Einsatzmittel in der Reichsverteidigung. Die "Focke Wulf 190 neu" führte geradewegs zur Ta 152, von der 1944 und 1945 zahlreiche Ausführungen konzipiert wurden.

Die Ausführungen der Ta 152 A (Jumo 213 C) sowie der Ta 152 B (Jumo 213 E) entfielen wegen des "Normaljägers", der Ta 152 C (DB 603 L), aus dem später die Sonderversionen eines besonders leistungsfähigen Höhenjagdflugzeugs, die Ta 152 H-0 und H-1 (beide Jumo 213), entstanden.

Die Flugerprobung begann mit den aus der Fw 190 umgebauten Musterflugzeugen, beispielsweise denen der zunächst geplanten Höhenjäger. Es handelte sich um die WerkNrn. 0040, 0054, 0055, 0056 und 0057. Die erste Mustermaschine der Ta 152, die V1 (GH+KW), die umgebaute Fw 190 V33/U1, nahm am 13.07.1944 die Flugerprobung auf, ging aber schon zwei Tage später infolge eines Bruchs verloren. Die praktische Erprobung war bis Anfang 1945 mit insgesamt 28 Versuchsmustern geplant. Die letzte vermutlich noch gebaute Musterzelle stellte die Ta 152 V8 dar. Das sich abzeichnende Kriegsende, insbesondere aber fehlende Ausrüstungsteile, Waffen und Motoren verhinderten indessen die Endmontage aller übrigen Musterflugzeuge.

Dank der eingebauten Zusatzeinspritzung kamen die Jagdflugzeuge auf eine Höchstgeschwindigkeit von über 700 km/h in 5.000 m Einsatzhöhe. Im Gegensatz zur Fw 190 A-9 mit 10.800 m Dienstgipfelhöhe und 13.200 m bei der Fw 190 D-12, konnte die Ta 152 H-1 bis auf 15.000 m steigen und wäre dort auch den von der Luftwaffe erwarteten Boeing B-29 ein starker

Blick in die Flugbetriebsabteilung der Focke-Wulf-Werke in Langenhagen. Im Vordergrund eine Ta 152.

Gegner gewesen. Vor allem war bei den angestrebten Höhenjägern an den Einbau der Jumo 213 E-Höhenmotoren mit zusätzlicher Einspritzung und einer aus einer 3cm-MK 108 als Motorkanone und zwei 2 cm-Maschinenwaffen in den Flügelwurzeln bestehende Bewaffnung gedacht.

Die Produktion bei der Ta 152 reichte gerade einmal für die Ausstattung einer Stabsstaffel beim JG 301 sowie zur Ausrüstung eines Teils der III. Gruppe des Verbands. Letzte verzweifelte Einsätze wurden noch Anfang Mai 1945 von Piloten des JG 301 über Mitteldeutschland ausgeführt, ehe sich die Reste der Gruppe bei Leck zusammen mit dem JG 1 ergaben.

Einflug eines Ta 152 H-0 - Höhenjägers in Langenhagen bei Hannover.

Baureihe	Triebwerk	Bewaffnung – Beladung	Abwurf-Anlage	Kraftstoff	FT-Gerät	Sonstiges
Ta 152 C-0 (J)	DB 603 1		Rüstsatz Schloß 503	i. Rumpf 595 l, Zusatsbehälter 140 l, wahlweise Methanol. ungesch. 300 l Beh. u.d.Rumpf möglich.	FuG 16 Z (Y) FuG 25a	später ungeschützte Sackbehälter in den Außenflächen vorgesehen.
Ta 152 C-1 (J)	"	"	"	" i.d.Fl. 6 x 60 l ungeschützt mit Ausblasung	"	
Ta 152 C-1/ R11 (J)	DB 603 1 ohne Ladeluftkühler	"	"	"	" FuG 125	Schlechtwetterjagd, Jägerkurssteuerung.
Ta 152 C-2 (J)	DB 603 1	"	"	"	FuG 15 FuG 25a	
Ta 152 C-2/ R 11 (J)	DB 603 1 ohne Ladeluftkühler	wie Ta 152 C-1 / R 11	"	"	" FuG 125	Schlechtwetterjagd, Jägerkurssteuerung
Ta 152 C-3 (J)	DB 603 1		"	"	FuG 16 Z (Y) FuG 25a	
Ta 152 C-4 (J)	"	"	"	"	FuG 15 FuG 25a	

<u>Technische Daten</u>

Baumuster	Ta 152 H-1
Besatzung	1
Spannweite	14,45 m
Länge	10,71 m
Höhe	3,36 m
Höchstgeschwindigkeit	540 km/h in Bodennähe
Höchstgeschwindigkeit	720 Im/h in 10.000 m (MW 50)
Dauergeschwindigkeit	540 km/h
Steigzeit	15,1 min auf 11.500 m
MaximaleFlugmasse	5.200 kg
Normal-Flugmasse	4.700 kg
Leermasse	3.900 kg
Reichweite	1.200km/h
Gipfelhöhe	12.500 m

Das einmotorige Jagdflugzeug Ta 152 stellte den modernsten Kolbenjäger der deutschen Luftwaffe dar. Insbesondere die mit Höhenmotoren und Zusatzeinspritzung ausgestatteten Höhenjäger, die zudem noch über eine vergrößerte Spannweite verfügten, konnten sich auch Anfang 1945 noch gut gegen die gängigen alliierten Jagdmaschinen in großer Höhe durchsetzen. Infolge der zahlenmäßigen Unterlegenheit standen die Piloten jedoch auch hier auf verlorenem Posten. Die Piloten mit den meisten Luftsiegen auf der Ta 152 waren die Feldwebel Keil und Loos vom JG 301. Noch am 30.04.1945 gelang es ihnen, gegen zahlenmäßig überlegene russische Jagdverbände, einzelne Luftsiege zu erringen.

Baureihe	Triebwerk	Bewaffnung – Beladung	Abwurf-Anlage	Kraftstoff	FT-Gerät	Sonstiges
Ta 152 C-5 (J)	"		"	"	FuG 15 Z (Y) FuG 25a	"
Ta 152 C-6 (J)	"	"	"	"	FuG 15 FuG 25a	
Ta 152 E-0 (A)	Jumo 213 E		Rüstsatz Schloß 503 nur für Zusatzbehälter	i.Rumpf 595 l 115 l für Reichweite oder Methanol	FuG 15 FuG 25a	RB 50/30 oder RB 75/30 " RB 2x32/7x9 " RB 2x12,5/7x9 " RB 40/12 " RB 30/18 " RB 50/18 "
Ta 152 E-1 (A)	"	wie Ta 152 E-0, jedoch Flügelbehälter-Anlage wie 152 C-1 – –			"	– – –
Ta 152 H-0 (J/Hö)	"			i.Rumpf 595 l und GM 1 Anlage für 20' Flugdauer	FuG 16Z (Y) FuG 25a	Flächen 23,5 m^2, Druckkabine
Ta 152 H-0/R11 (J/Hö)	"	"	"	"	" FuG 125	Schlechtwetterjagd, Jägerkurssteuerung
Ta 152 H-1 (J/Hö)	"	"		" i.d.Fl. 6x 60 l ungeschützt mit Ausblasung	FuG 16Z (Y) FuG 25a	
Ta 152 H-1/R11 (J/Hö)	"	"		"	" FuG 125	Schlechtwetterjagd, Jägerkurssteuerung
Ta 152 H-2 (J/Hö)	"	"		"	FuG 15 FuG 25a	
Ta 152 H-2/R11 (J/Hö)	"	"		"	" FuG 125	Schlechtwetterjagd, Jägerkurssteuerung
Ta 152 H-10 (A/Hö)	"	"		" Flügelbehälteranlage, teilweise für Methanoleinsatz	FuG 15 FuG 25a	Bildgeräte wie Ta 152 E-0

He 177

Als Teil des "Bomber A-Programms" entstand das Projekt He P 1041, ein schweres Kampfflugzeug, das als Nah-, Mittel- und Fernbomber ausgelegt war. Am 5.11.1937 wurde der Attrappenbau vom RLM abgenommen, und die viermotorige Maschine erhielt die Bezeichnung He 177. Die Entwicklung verzögerte sich, da sich das RLM für die später einzubauende Triebwerksausrüstung (DB 606, Jumo 212, BMW 802 u.a.) nicht entscheiden konnte. Ab 1938 wurde seitens des RLM vehement eine aus Doppeltriebwerken bestehende Motorenanlage, um Gleit- oder Sturzangriffe zu gewährleisten, gefordert.

Das erste Versuchsmuster, die He 177 V1 (WerkNr. 177 0000001, CB+RP), flog erstmals am 20.11.1939 und ging am 3.10.1941 bei der Landung zu Bruch. Es folgte die V2 (CB+RQ), die ein neues Höhenleitwerk erhalten hatte und am 27.06.1940 abstürzte. Die He 177 V3 (D-AGIG) ging am 24.04.1941 infolge Leitwerksbruch verloren. Die V5 (PM+OD), die vor allem der Leistungsermittlung, aber auch der Erprobung im Bahnneigungsflug diente, ging am 8.06.1941 zu Bruch. Die meisten der nachfolgenden Mustermaschinen bis hin zur He 177 V104 unterschieden sich zum Teil beträchtlich voneinander. Ein erheblicher Teil wurde zur Erprobung einer immer effektiveren Defensiv- und Offensivbewaffnung verwandt. Außer zwei-

Bruchgelandete Fw 177 A-3 der I./KG 1 hinter der Ostfront.

und vierrohrigen Waffenständen (MG 131), kamen auch MK 101 in Zwillingsanordnung im Bug oder MG 151/20-Einbauten zum Zuge. Darüber hinaus dienten mehrere Versuchsmuster der Erprobung der He 177 A mit nachsteuerbaren Abwurfwaffen wie der PC 1400 X, der Hs 293 A-1 oder Gleittorpedos wie dem LT 950. Infolge der Verknappung hochwertiger Rohstoffe konnte die He 177 A-5 als letztes Serienmuster realisiert werden. Die Arbeiten an den Baureihen bis hin zur A-10 konnten bis zur gänzlichen Einstellung der Arbeiten im Jahre 1944 nicht mehr

He 177 A-3 wurden im Sommer 1944 im Osten als Panzerjäger eingesetzt.

<table>
<tr><th>Baureihe</th><th>Triebwerk</th><th>Bewaffnung – Beladung</th><th>Abwurf-Anlage</th><th>Kraftstoff</th><th>FT-Gerät</th><th>Sonstiges</th></tr>
<tr><td>He 177 A-0
(K)</td><td>DB 606 A/B</td><td>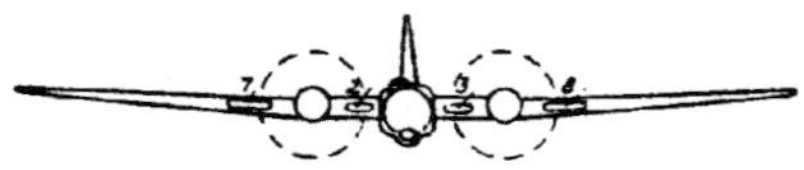
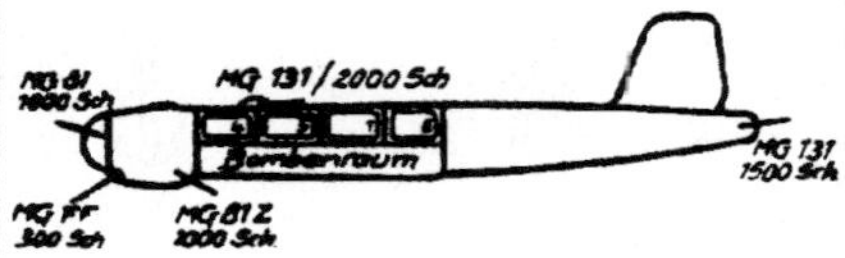

<u>Rüstzustand A</u> (Nahbomber):
Beh.1 u.6 je 1140 l → Grundausrüstung;
Beh.2 u.3 je 620 l
Beh.7 u.8 je 1120 l dazu austauschbar
Beh.4 u.5 je 1520 l entspr.Rüsts.ABC
<u>Ges.Inh. = 8800 l / Bomben = 7 t</u>
<u>Rüstzustand B</u> (Mittelbomber):
Grundausrüstung wie Rz.A dazu wird Beh.4 von 1520 l ausgetauscht gegen einen Beh. von 3450 l.
<u>Ges.Inh. = 10 730 l / Bomben = 4 t</u>
<u>Rüstzustand C</u> (Fernbomber)
Grundausrüstung wie Rz.A dazu wird Beh. 4 u.5 ausgetauscht gegen einen Beh. von 3450 l.
<u>Ges.Inh. = 12 660 l / Bomben = 1 t</u></td><td>6 Gerüst
8 Schloß
50 B-1
oder
12 Schloß
500/XII
oder
6 Schloß
1000 XI b</td><td>Beh.1 =
1140 l
Beh.2 =
620 l
Beh.3 =
620 l
Beh.4 =
1520 l
Beh.5 =
1520 l
bis 3520 l
Beh.4 u.5
austauschb.
entspr.
Rüstzustand
A/B/C.
Beh.6 =
1140 l
Beh.7 =
1120 l
Beh.8 =
1120 l</td><td>FuG 10
FuG 16
Peil G 5a
FuBl 1</td><td>Führersitz
B-1 Stand
Heckstand
Bodenwanne
Schlauchboot-
wanne gepanzert</td></tr>
<tr><td>He 177 A-1
(K)</td><td>DB 606 A/B</td><td>" "</td><td>"
zusätzlich
6 Schloß
2000 XIIIB</td><td>"</td><td>"</td><td>"</td></tr>
<tr><td>He 177 A-3
(K)</td><td>DB 610 A/B</td><td>
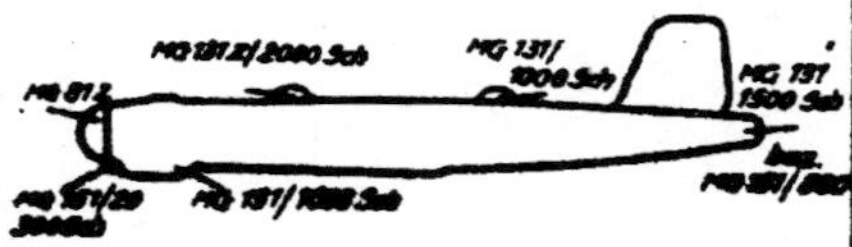
</td><td>"
zusätzlich
2 ETC 2000
XII D
mit
Schloß
3000 XIIA
bzw.
Schloß
2000 XIIB
im
Schloßla-
fette</td><td>"</td><td>FuG 10P
FuG 17Z
FuBl 2F
FuG 25a
FuG 101
FuG 102
FuG 200
FuG 216
(FuG 203a)</td><td>"
zusätzlich
B-2 Stand ge-
panzert.
Zusätzlich
Rüstsatz E
(Kehl Ausrü-
stung)</td></tr>
<tr><td>He 177 A-5
(K)</td><td>DB 610 A/B</td><td>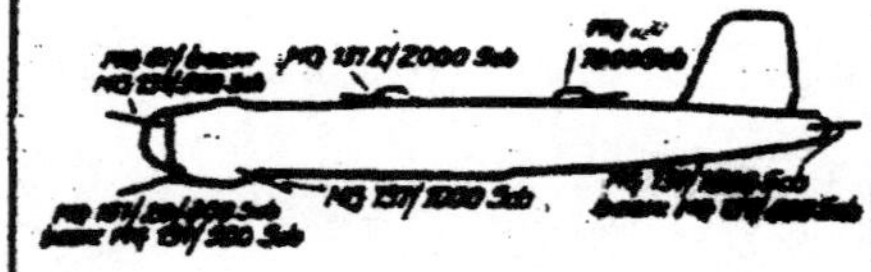
</td><td>wie A-3</td><td>wie A-3</td><td>FuG 10P
FuG 17Z
FuBl 2F
FuG 25a
FuG 101
FuG 102
FuG 200
FuG 216
(FuG 203a)</td><td>wie A-3
zusätzlich
Rüstsatz D
(LT)</td></tr>
<tr><td>He 177 B-5
(K)</td><td>DB 603 E</td><td>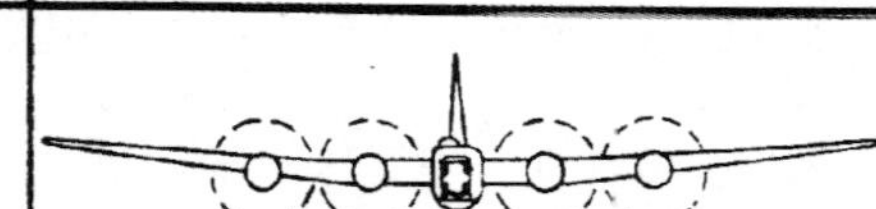
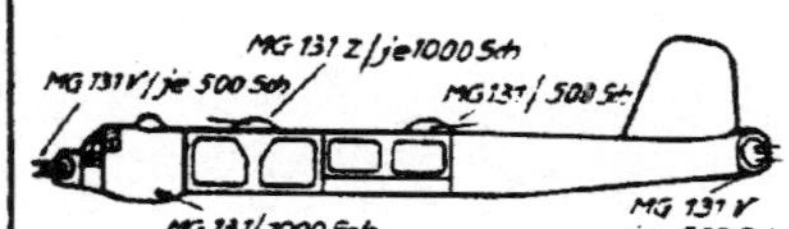
</td><td>wie A-5</td><td>wie A-0</td><td>FuG 10k2
FuG 16Z
oder
FuG 15
Peil G 6
FuBl 2F
FuG 25a
FuG 101
FuG 102A
FuG 200
FuG 217
FuG 203e</td><td>wie A-5</td></tr>
</table>

beendet werden. Gleiches galt für die unterschiedlich ausgelegten Maschinen der He 177 B-5 bis B-8, von denen nur vier Mustermaschinen, die He 177 V101 bis V104, geplant und vermutlich nur drei fertiggestellt worden sind. Ein letzter dieser Prototypen wurde Anfang 1945 in Eger von eigenen Truppen gesprengt.
Bei der Luftwaffe waren die He 177 A-1, A-3 und die A-5 nur beim KG 1, 40 und 100 im Kampfeinsatz. Ende 1942 begannen Teile des KG 40 mit der Umschulung auf das neue Einsatzmuster. Erhebliche technische Probleme verzögerten den geplanten "Steinbock"-Einsatz über England. Die II. Gruppe griff mit der Hs 293 Schiffsziele an. Beim KG 100 flogen nur die I. und II. Gruppe den schweren Bomber. Beim KG 1 blieb die He 177 nur für eine kurze Einsatzepisode erhalten. Nach schweren Verlusten im Sommer 1944 kam für die He 177 das Aus.

Technische Daten

Baumuster	He 177 A-5
Besatzung	5
Spannweite	31,45 m
Länge	22,15 m
Höhe	5,50 m
Spurweite	7,30 m
Höchstgeschwindigkeit	420 km/h in Bodennähe
Höchstgeschwindigkeit	480 km/h in 5.000 m
Dauergeschwindigkeit	450 km/h in 5.000 m
Steigleistung	190 m/min in Bodennähe
MaximaleFlugmasse	31.000 kg
Leermasse	16.800 kg
Reichweite	5.500 km (mit zweiHs 293)
Gipfelhöhe	8.000 m

Der Heckstand der He 177 A-3 und A-5 war in der Regel mit einem MG 151/20 bestückt.

Nur als Musterbauten kam der MG 131-Vierlingsstand bei der He 177 A zum Einbau.

Versuchsweise wurden einige He 177 mit einem MG 131-Zwilling ausgerüstet.

Obwohl die He 177 nur bei drei Kampfgeschwadern sowie beim Fernkampfgeschwader 50 im Einsatz war, gelang es dank neuartiger Abwurfwaffen, beachtliche Erfolge gegen alliierte Schiffsziele zu erringen. Angesichts der alliierten Luftabwehr war es den He 177-Besatzungen ab 1943 aber nicht mehr möglich, über Landzielen erfolgreich zu operieren. Schon gar nicht eigneten die riesigen Maschinen beim KG 1 sich als Tiefflieger zur Panzerbekämpfung, da sie für diese Aufgabe viel zu unbeweglich waren, um in niedriger Höhe dem gegnerischen Bodenfeuer mit Erfolg auszuweichen.

He 219

Neben den Bf 110- und Ju 88-Nachtjägern, kam die He 219 nur in relativ geringen Stückzahlen zum Zuge. Die Entwicklung dieses ersten wirklich leistungsfähigen Kampfflugzeugs, das vor allem der Bekämpfung schneller "Mosquitos", aber auch schwerer Nachtbomber wie der "Halifax" oder der "Lancaster" dienen sollte, begann im Spätjahr 1940. Aus dem Projekt He P 1055 wurde ab Juli 1941 schließlich der Nachtjäger He 219. Wegen fehlender DB 603-Reihenmotoren verzögerte sich die Entwicklung ab 1942 beträchtlich. Erst am 6.11.1942 erfolgte der Erstflug der He 219 V1 (VG+LW) durch Werkspilot Peter. Ein Vergleichsfliegen mit einer Ju 188 ergab am 3.01.1943, dass die He 219 als ein wirklich überlegener Nachtjäger anzusehen war. Wenige Tage später, am 10.01.1941, hob auch die He 219 V2 (GG+WG) erstmals ab. Später folgten noch 30 weitere Versuchsmuster. Die ersten Nullserienmaschinen (He 219 A-0) wurden ab Juni 1943 ausgeliefert. Nach diesen wurden mehrere A-Baureihen produziert.

Am 25.05.1944 verfügte Reichsmarschall Göring, dass die He 219 zugunsten der Ju 388 J eingestellt werden sollte, obwohl sich der Heinkel-Nachtjäger im Einsatz voll bewährt hatte und das Konkurrenzmuster noch am Anfang seiner Entwicklung stand.

Bis zum Juli 1944 konnte die Erprobung auch der He 219 A-2 erfolgreich abgeschlossen werden. Zwar wurden im November 1944 alle zweimotorigen Nachtjäger gestrichen, dennoch konnten noch etliche Ju 88 G und He 219 montiert werden.

Die von den Heinkel-Werken ab 1943 geplante nochmalige Leistungssteigerung mittels Jumo 222-Doppelsternmotoren oder Jumo 213 E-Höhentriebwerken konnte mangels dieser nur in ganz kleinen Rahmen umgesetzt werden. So verließen kurz vor Kriegsende noch sechs He 219 A-7 "Mosquitojäger" die Heinkel-Fertigung in Wien. Nach elf Maschinen im Jahr 1943, 195 im folgenden Jahr und 62 zwischen Januar und März 1945 gelang es, insgesamt 268 Maschinen herzustellen.

Der Einsatz bei der Luftwaffe begann am 12.06.1943 mit dem Abschuss von fünf schweren Bombern der RAF in einer Nacht durch Oberstleutnant Werner Streib, dem Kommodore des NJG 1. Das Geschwader sowie die NJGr. 10 blieben aber die beiden einzigen Einsatzverbände, welche die He 219 flogen. Am 12.04.1945 waren allein bei der I./NJG 1 noch 22 He 219 vorhanden, weitere beim Stabsschwarm des Verbands.

Blick in den Führerraum der He 219 A.

Die He 219 A erwies sich als einer der leistungsfähigsten Nachtjäger der Luftwaffe.

Als Werksmaschine flog bei der AEG diese He 219.

Baureihe	Triebwerk	Bewaffnung – Beladung	Abwurf-Anlage	Kraftstoff	FT-Gerät	Sonstiges
He 219 A-0 (N)	DB 603 A	 4 MG 151/20 je 300 Sch	—	i.R. 1110 l i.R. 500 l i.R. 990 l Ges.Inh. 2600 l	FuG 16ZY FuG 10P FuG 101 FuG 25a FuG 220 FuBl 2F	2 Mann Nachtjäger mit Flammenvernichter
He 219 A-2 (N)	DB 603 A	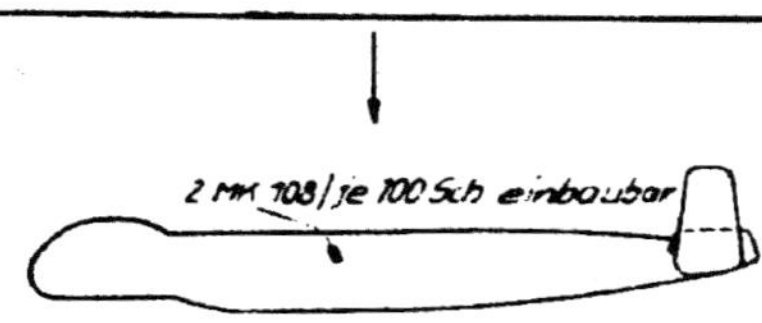 2 MK 108/je 100 Sch einbaubar	—		FuG 16ZY FuG 10P FuG 101 FuG 25a FuG 220 FuBl 2F	"
He 219 A-7 (N)	DB 603 E	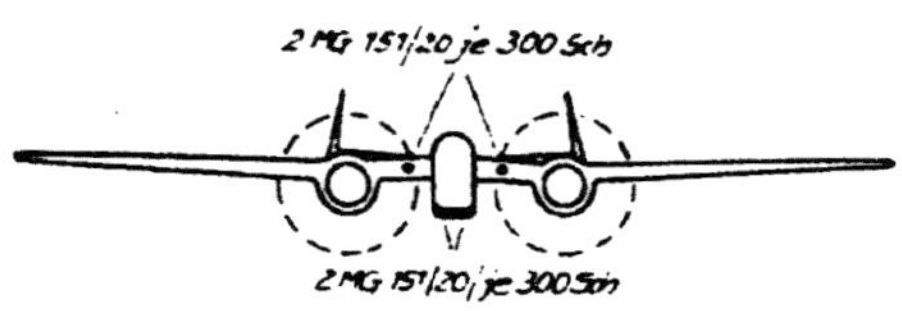 2 MG 151/20 je 300 Sch 2 MG 151/20 je 300 Sch 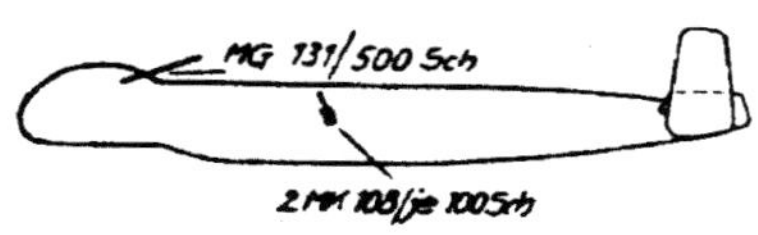 MG 131/500 Sch 2 MK 108/je 100 Sch	—	i.R. 2600 l Motorgondel 780 l Ges. Inh. 3380 l	FuG 16ZY FuG 10P FuG 101 FuG 25a FuG 220 FuBl 2F Radione	2 Mann Nachtjäger
He 219 B-1 (N)	Jumo 222	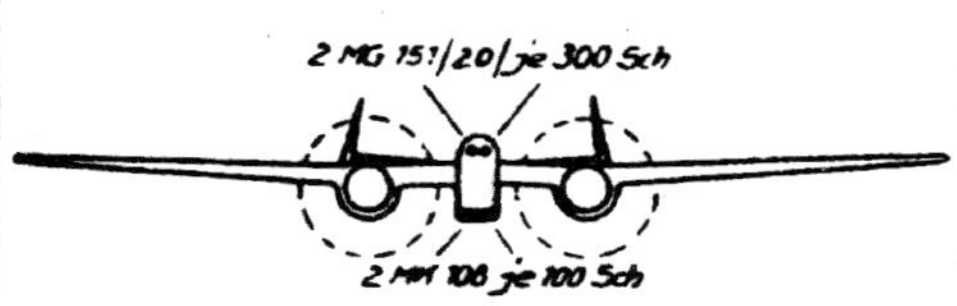 2 MG 151/20/je 300 Sch 2 MK 108 je 100 Sch 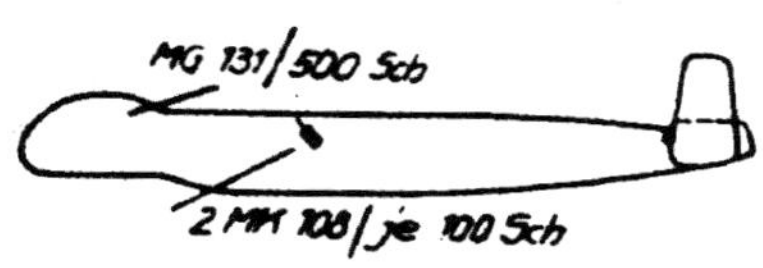 MG 131/500 Sch 2 MK 108/je 100 Sch	—	i.R. 2600 l i.Motorgondel 1200 l Ges.Inh. 3800 l	FuG 15 FuG 10 P FuG 25a FuG 101 FuG 220 FuBl 2F Radione	3 Mann Nachtjäger Flächenvergrößerung von 44,5 m^2 auf 50 m^2 und Haupträder von 840 x 300 auf 975 x 345. Holzflügel geplant

Trotz ihrer hervorragenden Leistungswerte blieb die He 219 bei den deutschen Nachtjagdverbänden die Ausnahme. Den Besatzungen gelangen mit dem Heinkel-Nachtjäger zahlreiche Abschüsse englischer Mosquito-Maschinen. Wären noch dazu Jumo 222-Sternmotoren rechtzeitig vorhanden gewesen, hätte der Reichsverteidigung ein überaus leistungsstarker Nachtjäger, selbst für den Einsatz in großen Höhen, zur Verfügung gestanden. Die geplanten Ausführungen mit erleichterter Zelle und zusätzlichem Antrieb zeigten sich auch dem Konkurrenzmuster, der Ju 388 J-1, überlegen.

Technische Daten

Baumuster	He 219 A-2
Besatzung	2
Spannweite	18,50 m
Länge	15,54 m
Höhe	4,1 m
Höchstgeschwindigkeit	560 km/h in 8.000 m
Dauergeschwindigkeit	480 km/h
Steiggeschwindigkeit	6 m/s in 4.000 m
Steigzeit	12 min auf 5.500 m
Flugmasse	12.500 - 13.300 kg
Leermasse	8.120 - 8.250 kg
Reichweite	2.850
Gipfelhöhe	9.300 km

Hs 129

Aus dem Projekt eines einmotorigen Tiefangriffsflugzeug, der Hs P 46, dessen Projektunterlagen im April 1938 an das RLM geschickt wurden, entstand das zweimotorige Projekt der P 76, woraus sich dann die spätere Hs 129 ergab.

Die drei ersten Versuchsmuster waren mit As 410 A-0- und A-1-Reihenmotoren ausgerüstet. Der Bau der Sichtattrappe war bis Mai 1938 abgeschlossen, die Konstruktionsattrappe folgte nur zwei Monate später. Probleme mit der Motorenbeschaffung beeinträchtigten die Arbeiten erheblich, so dass der Erstflug der Hs 129 V1 (TF+AM) erst am 26.05.1939 absolviert werden konnte. Am 30.11.1939 folgte auch das zweite mit As 410 ausgerüstete Musterflugzeug (V2, TF+AN), das bereits am 3.01.1940 als Totalverlust abgeschrieben werden musste. Erst am 2.04.1940 erfolgte der Erstflug der Hs 129 V3 (TF+AO).

Ab Sommer 1940 produzierte Henschel zunächst eine Nullserie von zwölf Hs 129 A-0, denen Maschinen der Baureihe A-1 folgen sollten. Nachdem zahlreiche Gnôme & Rhône-Sternmotoren des Modells M14 in Frankreich erbeutet worden waren, kam es zum Umbau der bereits produzierten A-1 auf diesen Antrieb; die geänderten Maschinen trugen die Bezeichnung Hs 129 B-0.

Die taktische Erprobung begann am 19.11.1940 mit einem Vergleichsfliegen in Rechlin. Bis zum 31.12.1940 waren 60 Hs 129 ausgeliefert. Infolge der ersten Einsatzerfolge wurde die Ausbringung anschließend immer mehr gesteigert. Auch die Bewaffnung wurde den taktischen Gegebenheiten angepasst. Außer dem MK 103, der 3,7 cm Flak 18, der 3 cm Pak 38 wurden noch zahlreiche andere Waffen in Einbaustudien mit einbezogen. Ab Anfang 1943 wurde bei Henschel die Hs 129 B-2 erprobt, die sich von ihrem Vorläufer vor allem durch vertiefte Landeklappen unterschied.

Mit 3 cm-Waffen, wie dem MK 101 oder MK 103 konnten sowjetische Panzer ab 1944 nur mit viel Glück wirksam bekämpft werden.

Bis Juni 1943 waren im Fronteinsatz 58% von den 440 bislang produzierten Hs 129 A und B zerstört worden. Bis Dezember 1943 waren 495 von 664 Hs 129 bei den harten Kämpfen, vor allem an der Ostfront, ausgefallen, so dass der Bestand am 31.12.1943 nur noch bei 169 lag.

Seitenansicht eines Hs 129-B Schlachtflugzeugs während des Einsatzes im Osten.

Baureihe	Triebwerk	Bewaffnung – Beladung	Abwurf-Anlage	Kraftstoff	FT-Gerät	Sonstiges
Hs 129 A-0 (S)	As 410	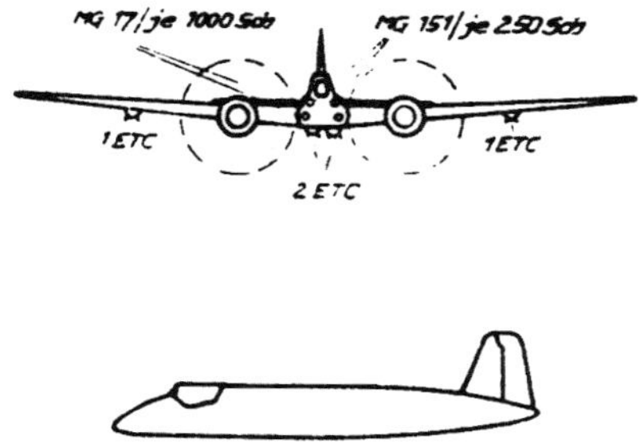	4 ETC 50	280 l	FuG VII	Besatzung 1 Mann, Nebelgerät 2 x 5125 statt Bomben.
Hs 129 B-0 (S)	Gnome Rhone 14 M 04/05	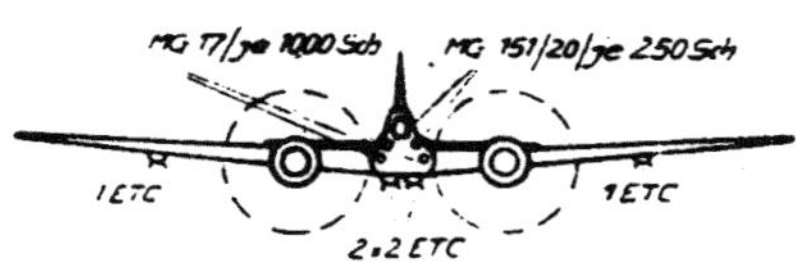	6 ETC 50 oder 144 SD 2	i.Fl. 2 x 205 l i.R. 200 l Ges.Inh. 610 l	FuG 17 FuG 25	" Robot-Kamera, Vorderteil geschlossene Panzerkabine mit teilweise in die Rumpfform überführender Leichtmetallverkleidg.
Hs 129 B-1 (S)	"	Wie B-0 jedoch unter d' Rumpf wahlweise: Rüstsatz I: 4 ETC 50 oder 1 ETC 500 " 96 SD 2 Rüstsatz II: 4 x MG 17/je 1000 Sch Rüstsatz III: 1 MK 101/30 Sch oder 1 MK 103/30 " Rüstsatz IV: RB 20/30 oder RB 7 • 9	2 ETC 50 unter den Außenflächen ETC 500 unter d. Rumpf	"	" FuG 16 Z (E)	Nebenverwendung als Gefechtsaufklärer
Hs 129 B-2 (S)	"	wie B-1, jedoch tropentauglich		"	"	"
Hs 129 B-3 (S)	Gnome Rhone 14 M 38	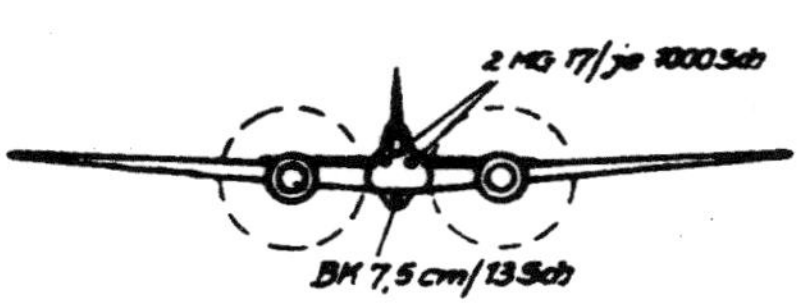		"	"	"

Die immer schwereren Feindpanzer konnten inzwischen mit den relativ leichten Abwehrwaffen nicht mehr so erfolgreich wie bisher bekämpft werden. Aus diesem Grunde wurde die Verwendung einer untergebauten 7,5 cm Pak und anderer Bewaffnungen in praktischer und taktischer Hinsicht überprüft.

Auf Grund ihrer hervorragenden Panzerung blieb die Hs 129 bis zum Kriegsende an der Ostfront - trotz der schweren Verluste - erfolgreich im Einsatz. Die geplante Ausrüstung mit panzerbrechenden Projektilen, beispielsweise des "Panzerblitzes" hätte die Maschine für Panzerschlachteinsätze in niedriger Einsatzhöhe geradezu prädestiniert. Maschinen wie die Ju 88 P-Serie erwiesen sich als Schlachtflugzeug als zu unbeweglich und wurden daher wie die Ju 87 und auch die Hs 129 schließlich von der Fw 190 F-8/F-9 mit unterschiedlichen Raketenbewaffnungen abgelöst.

Technische Daten

Baumuster	Hs 129 -2
Besatzung	1
Spannweite	14,20 m
Länge	9,75 m
Höhe	3,25 m
Höchstgeschwindigkeit	343 km/h in Bodennähe
Höchstgeschwindigkeit	375 km/h in 4.000 m
Steiggeschwindigkeit	8,1 bis 8,4m/s
Steigzeit	8,5 min auf4.000 m
Flugmasse	5.115 kg
Leermasse	3.985 kg
Reichweite	575 -690 km
Gipfelhöhe	8.800 km

Ju 87

Im Oktober 1934 begannen die Konstruktionsarbeiten für den späteren "Stuka". Am 7.08.1935 wurde die Attrappe des sturzkampffähigen Baumusters, auf welches das RLM große Hoffnungen für den späteren Einsatz zur Unterstützung des Bodenheeres setzte, von hochrangigen Vertretern des RLMs besichtigt und die Unterbringung der Ausrüstung im Wesentlichen gebilligt.

Als erste Maschine nahm die Ju 87 V1 (WerkNr. 4921, D-UBYR) am 17.09.1935 die Erprobung im Werk auf. Ihr folgte am 25.02.1936 das zweite Musterflugzeug, die Ju 87 V2 (WerkNr. 4922, D-IDQR). Nach der Ju 87 V3 (D-IBXF) wurde die V4 (D-UBIP) dem Einflugbetrieb übergeben. Die Maschine stellte gleichzeitig die erste Mustermaschine der Nullserie A-0 dar. Von den folgenden Nullserienmaschinen wurde die Ju 87 V7 und die V6 später zu den ersten beiden B-0-Maschinen umgebaut. Aus der Ju 87 V15 (D-IGDK) und der V16 (GT+AX) wurden die beiden ersten Ju 87 B-2. Für den Einsatz auf Flugzeugträgern wurde die Ausführung C entwickelt, für welche die Ju 87 V10 (D-IHFH) und V11 (D-ILGM) die beiden ersten Musterflugzeuge darstellten. Ab der Ju 87 V21 (D-INRF) entstanden die Vorläufer der in großen Stückzahlen gebauten D-Versionen, die zumeist als leistungsstarke Schlachtflugzeuge die B-Varianten ersetzten. Die Ju 87 V30 stellte die erste D-5 dar. Die Mehrzahl der übrigen Ausführungen wurde mittels abgeänderter Serienflugzeuge getestet. Als "schweres Landsturzkampfflugzeug" begann die Karriere der Ju 87 A-0, die ein- und zweisitzig zum Einsatz gelangen sollte. Die geringen Leistungen dieser Maschine sowie die der Ausführung A-1 führten schnell zu der mit einem Jumo 211 anstelle des Jumo 210 wesentlich besser motorisierten Ju 87 B. Von dieser Ausführung wurden zwei Hauptversionen, die B-1 und B-2 in großen Stückzahlen produziert. Um einen Einsatz über größere Entfernung zu ermöglichen, wurden hieraus die Reichweitenversionen Ju 87 R-1 bis R-4, die sich durch ihre Motorenanlage unterschieden, entwickelt.

Die Ju 87 D-5 flog mit Abwurfbehältern wie dem AB 250 oder AB 500 Schlachteinsätze über allen Fronten.

Mit einer Gabel wurden schwere, unter dem Rumpf angebrachte Bomben aus dem Luftschraubenkreis befördert.

Den größten Entwicklungsschritt brachte jedoch die Einführung der Ju 87 D mit sich. Nicht nur die Verwendung des Jumo 211 J, sondern auch der Einbau einer leistungsfähigeren Bewaffnung und die Erhöhung der mitzuführenden Abwurflasten setzten neue Maßstäbe. Durch die Vergrößerung der Tragflächen trat ab der Ausführung Ju 87 D-5 eine nochmalige Leistungssteigerung ein. Selbst Abwurflasten bis zu einer Masse von 1800 kg konnten nunmehr auf kurze Distanzen transportiert werden. Außerdem wurde seitens des RLM immer größerer Wert auf eine schwerere Panzerung und die Möglichkeit zur Durchführung nächtlicher Schlachteinsätze gelegt.

Letztlich wurde die Ju 87, vor allem an der Ostfront, zu einem unverzichtbaren Panzerjäger. Hierbei kam außer der Verwendung von Bomben auch dem Einsatz mit untergebauten 3,7 cm-Kanonen besondere Bedeutung zu. Den Ausführungen G-1 und G-2 fiel bei der Bekämpfung schwerer sowjetischer Kampfpanzer eine besondere Bedeutung zu.

Die leichten und schweren Sturzkampfflugzeuge, wie sie Mitte der Dreißiger Jahre vielfach gefordert wurden, schienen zu Beginn des Krieges geradezu ein Wundermittel zur Bekämpfung von Punktzielen darzustellen. Dank der eigenen Luftüberlegenheit und relativ schwachen Gegnern glückte es innerhalb kurzer Feldzüge, diese zu besiegen. Über größere Entfernungen und nach dem schrittweisen Verlust der Boden- und Luftüberlegenheit an allen Fronten wandelte sich das Verwendungsspektrum der Ju 87 vom Sturzkampfbomber zum gut gepanzerten Schlachtflugzeug und Panzerjäger. Oberst Hans-Ulrich Rudel gelangen mit seiner Ju 87 G-2 bis zum 8.02.1945 insgesamt 516 Panzerabschüsse. Das Aufkommen von Raketengeschossen gegen gepanzerte Ziele und die Verwendung schneller Kampfflugzeuge wie der Fw 190 F-8/F-9 machten die Ju 87 D mehr und mehr entbehrlich.

Baureihe	Triebwerk	Bewaffnung – Beladung	Abwurf-Anlage	Kraftstoff	FT-Gerät	Sonstiges
Ju 87 A-1 (S)	Jumo 210 D	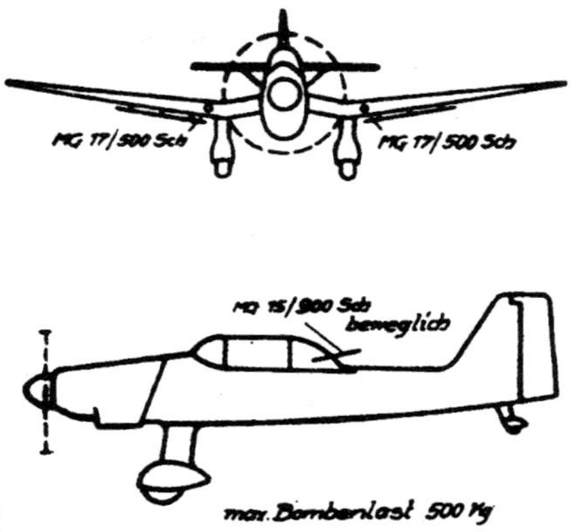	Schloß 500 XI B	480 l	FuG VII mit Ei V	ohne Panzerung (Land)
Ju 87 B-1 (S)	Jumo 211 A	"	"	"	FuG VIIa mit Ei V	Schneekufen ohne Panzerung (Land/Schnee)
Ju 87 B-2 (S)	Jumo 211 D bzw.H	" max. Bombenlast 1000 kg	Schloßlafette mit Schloß 1000/500 XIF 2 ETC 50 VIIIe	"	"	Änderung des Fahrwerks; B-Muster kommen mit Schneekufen nicht mehr zum Einsatz. Ausführung ohne Panzerung läuft aus.
Ju 87 C-1 (S)	Jumo 211 D	wie Ju 87 B-1	Schloß 500 XIB	780 l + 2 abwerfb. Außenbeh. Ges.Inh. 1370 l	FuG 25 Peil G6	Trägerflugzeug katapultfähig, aufklappbare Tragflächen, Fangsporn, abwerfb.Fahrgestell. Nur 5 Flugzeuge (Land)
Ju 87 D-1 (S)	Jumo 211 J bzw.P	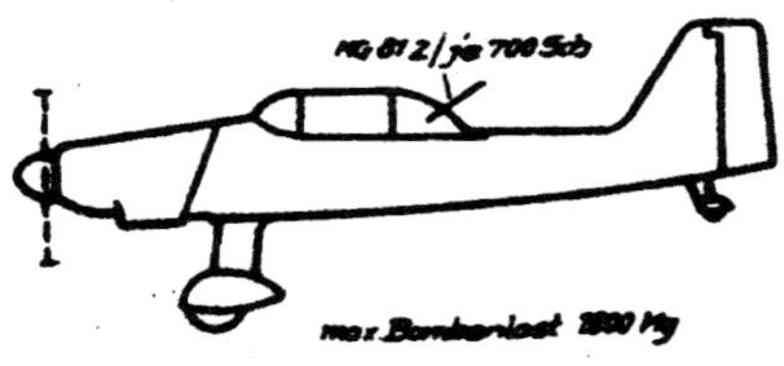	Schloßlafette mit Schloß 1000/500 XIB od.1000 XI od.2000 XIII 2 ETC 50/ VIIIe	"	"	vergrößerte Fläche, verstärktes Fahrwerk Land/ Schnee, absprengbares Fahrgestell, Austauschmöglichkeit v.Schneekufen, Fl.V-Anlage u.Schleppeinrichtung
Ju 87 D-3 (S)	"	wie Ju 87 D-1	"	"	"	" mit zusätzlicher Grundpanzerung; Schleppkupplung Land/Schnee

Als Spezialausführung der Ju 87 D wurde die G-1 mit zwei 3,7 cm- Bordkanonen ausgerüstet. (BA - 632 - 3785 - 27)

Ju 87 D-8 (S)	"	wie Ju 87 D-3, (Ausführung ohne Rüstsatzpanzerung) jedoch D-5 Tragfläche mit MG 151 Umbau aus D-3				Land/Schnee
Ju 87 G-1 (S)		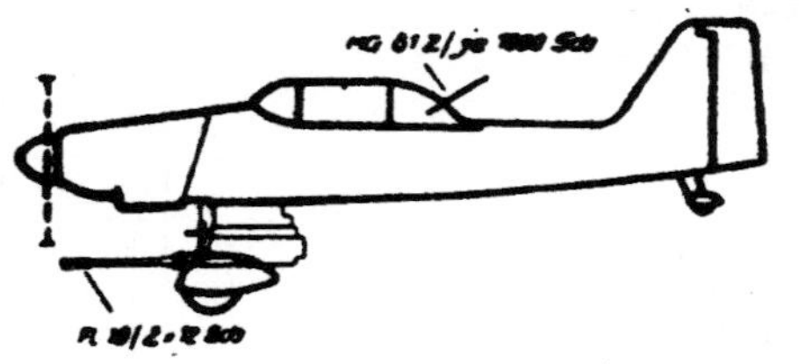	--	780 l		Umbau aus D-3, Einsatz nur als flieger möglich Sturzflugbremsen Land
Ju 87 G-2 (S)	"	Umbau aus Ju 87 D-5 mit Flak 18				Land
Ju 87 D 4 (S LT)	Jumo 211 J	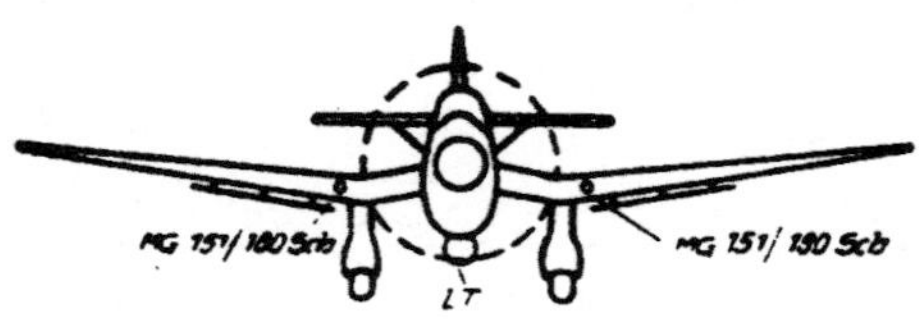 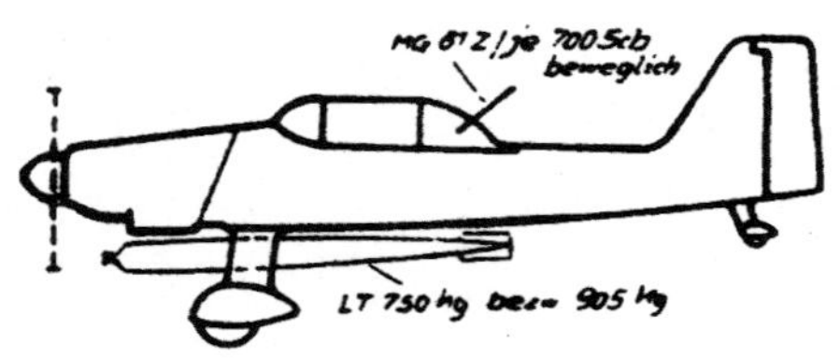	Schloßlafette 1000/500 XIB mit Schloß 500 XII oder 1000 XI oder 2000 XIII 2 ETC 50 VIIIe oder PVC 1006B	780 l 2 Außenbeh. je 295 l abwerfbar Ges.Inh. 1370 l	FuG 25 Peil G6	Umbau aus D-1 mit Einsatzmögli der Torpedo-Abwu Land/Schnee

Beim Anbau der Rüstsätze sind die Ladepläne genau zu beachten

Rüstzustand	Beladefall	Munitions-, Rüstsatz	Betriebstoff-Rüstsatz	Sonder Rüstsatz
A Sturzbomber	1 - 10	M1. M2	–	Fla. S
	11 - 13	M1	B	Fla. S
B Torpedo-Einsatz	1 - 4	LT	–	Fla. S
	5 - 6	LT	B	Fla. S
C Sturzbomber mit Schneekufen	1 - 8	M1, M2	–	Sch Ar. S
	9 - 11	M1	B	Sch. Fla S

Ju 87 D-5 (S/LT)	Jumo 211 J bzw. P	"	"	"	"	verlängerte Tragfläche Land/Schnee
Ju 87 D-7 (S)	"	wie Ju 87 D-1, jedoch D-5 Tragflächen mit Umbau aus D-1	MG 151			Land/Schnee

Technische Daten

Baumuster	Ju 87 D-5	Dauergeschwindigkeit	310 km/h in 4.500 m
Besatzung	2	Ladegeschwindigkeit	110 km/h
Spannweite	15,00 m	Steigzeit	2 min auf 1.000 m
Länge	11,40 m	Normal Flugmasse	5.900 kg
Höhe	3,90 m	Maximale Flugmasse	6.600 kg
Höchstgeschwindigkeit	405 km/h in 4.500m	Leermasse	3.940 kg
		Reichweite	830 km
		Gipfelhöhe	7.500 m

Ju 87 H-1 (Schul)		Blindflug-Schulflugzeug mit Doppelsteuerung Umbau aus Ju 87 D-1	—	—	—	Land/Schnee
Ju 87 H-3 (Schul)		Blindflug-Schulflugzeug mit Doppelsteuerung Umbau aus Ju 87 D-3	—	—	—	Land/Schnee
Ju 87 H-5 (Schul)		Blindflug-Schulflugzeug mit Doppelsteuerung Umbau aus Ju 87 D-5	—	—	—	Land/Schnee
Ju 87 H-7 (Schul)		Blindflug-Schulflugzeug mit Doppelsteuerung Umbau aus Ju 87 D-7	—	—	—	Land/Schnee
Ju 87 H-8 (Schul)		Blindflug-Schulflugzeug mit Doppelsteuerung Umbau aus Ju 87 D-8	—	—	—	Land/Schnee
Ju 87 K-1	Jumo 210 D	Umrüstung aus Ju 87 A-1. Ausführung für Japan				
Ju 87 K-2	Jumo 211 D	Umrüstung aus Ju 87 B-2. Ausführung für Ungarn				
Ju 87 K-4	Jumo 210 D	Umrüstung aus Ju 87 A-1. Ausführung für Ungarn				
Ju 87 R-1 (S)	Jumo 211 A	wie Ju 87 B-1		780 l 2 abwerfb. Außenbeh. Ges.Inh. 1370 l	Fu G 25 Peil G6	mit und ohne Panzerung. Land/Schnee
Ju 87 R-2 (S)	Jumo 211 D bzw.H	wie Ju 87 B-2		"	"	Land
Ju 87 R-4 (S)	"	wie Ju 87 R-2, jedoch Tragwerkmittelstück, ausgeführt für SG-Behältereinbau.				

Der Ju 87 D-5 fiel ab 1943 die Unterstützung der fliegenden Panzerjäger durch Abwurf von Splitterbomben zu.
(BA - 502 - 183 - 30)

Die Ju 87 D-3 und andere D-Muster wurden ab Ende 1944 zunehmend durch die Fw 190 F-8 abgelöst.
(BA - 393 - 1402 - 10)

Ju 88

Die Ju 88 sollte nach dem Willen des RLM als Schnellbomber - angetrieben entweder von zwei DB 600 oder zwei Jumo 211 - eingesetzt werden. Nachdem Anfang 1935 die Ausschreibungskriterien für eine solche Maschine festgelegt worden waren, wurde die Luftfahrtindustrie im August 1935 aufgefordert, entsprechende Entwürfe vorzulegen. Bis zum Juni 1936 entstand bei Junkers eine entsprechende Attrappe. Schon am 21.12.1936 erhob sich das erste Versuchsmuster, die Ju 88 V1 (WerkNr. 4941, D-AQEN) zum erfolgreichen Erstflug. Am 10.04.1937 folgte die V2 (WerkNr. 4942, D-ASAZ) und am 13.09.1937 die V3 (D-4943, D-AREN), die erstmals von zwei Jumo 211 A-Reihenmotoren anstelle von DB 600 angetrieben wurden.
Als erstes Musterflugzeug für die geplante erste Großserienausführung, die Ju 88 A-1, entstand die Ju 88 V6 (WerkNr. 4946, D-AQKD, KD+ME). Als erste Nullserienflugzeuge flogen die Ju 88 V9 und V10 (D-ADCN und D-AMHG). Aus der A-1 entstanden mit der Ju 88 A-4 und A-5 zwei Standardmuster von sturzkampffähigen Bombern für die deutsche Luftwaffe. Diese stellten später die Masse aller produzierten Baumuster bis hin zur A-17 dar. Ein Teil der Kampfflugzeuge war als Schulmaschinen mit Doppelsteuerung ausgerüstet und diente der Schulung neuer Besatzungen.
Die Ju 88 B, quasi der Vorläufer der Ju 188, wurde nur in geringer Stückzahl produziert; der Maschine kam als schneller Aufklärer beim Kommando Rowehl einige Bedeutung zu.
Als Aufklärer entstanden sieben Versionen von Maschinen, die auf der Ju 88 A-1 bis A-5 beruhten. Mittels immer leistungsfähigerer Motoren, abwerfbarer Zusatztanks und dank einiger aerodynamischer Verbesserungen, sollten diese fast bis Kriegsende im Einsatz bleiben.
Die schweren Jäger und Zerstörer der Baureihe Ju 88 C und R bildeten im Grunde nur ein Bindeglied zu den Nachtjägern Ju 88 G-1 bis G-10. Die Entwicklung begann auf der Basis der Ju 88 A-1 und der A-4. Mittels einer schweren Bewaffnung im Rumpfbug ergaben sich die Zerstörer C-1 bis C-7, von denen die C-6 die Mehrzahl der gebauten Maschinen ausmachte. Die Entwicklung eines leistungsfähigeren Nachtjägers begann mit der Ju 88 V58 (WerkNr. 700001), die erstmals am 24.06.1943 abhob. Nach dem Versuchsmuster der Ju 88 G-2, der V106, einem Einheitstyp aus Ju 88 A-4 und G-1 folgte der letzte in größeren Stückzahlen produzierte Nachtjäger. Die Ju 88 G-6 prägte bis zum Kriegsende das Erscheinungsbild zahlreicher NJ-Gruppen. Die ersten Musterflugzeuge waren die Ju 88 V108, V109 und V111. Mit der Ju 88 G-7 sollte ein noch leistungsfähigerer Höhennachtjäger entwickelt werden. Mindestens vier Musterflugzeuge (V112 bis V115) wurden im März 1945 fertiggestellt.
Nur in geringer Stückzahl wurden die Ju 88 H-1 und H-2, als Fernkampfflugzeuge für den Einsatz über dem Atlantik produziert. Die Maschinen erhielten dazu einen verlängerten Rumpf, in dem zusätzliche Treibstofftanks Platz fanden.
Als Rückgriff auf die Idee des Schnellbombers folgten die verschiedenen Ausführungen der Ju 88 S-1 bis S-5 und die entsprechenden Aufklärerversionen T-1 bis T-3. Außerdem wurden verschiedene Ausführungen eines Panzerjägers entwickelt. Die Maschinen der Varianten Ju 88 P-1 bis P-4 waren als schwere Panzerjäger mit aus 3,7 cm bis 7,5 cm schweren Bordkanonen gedacht. Die Maschinen bewährten sich jedoch nicht, da sie in Bodennähe zu unbeweglich waren und ein zu großes Ziel für die gegnerische Abwehr bildeten.
Darüber hinaus diente die Ju 88 als Trägerflugzeug der gegen Kriegsende gebauten "Mistel-Gespanne", die zur wirksamen Bekämpfung von Punktzielen gedacht waren sowie für zahlreiche Sonderzwecke.

Im Gegensatz zur Ju 88 A-4 war die Ausführung A-14 mit einem MG FF zur Bodenzielbekämpfung ausgerüstet.

Die Ju 88 A-4 stellte bis Kriegsende eines der Standardmuster bei den deutschen Kampfgeschwadern dar.

Baureihe	Triebwerk	Bewaffnung - Beladung	Abwurf-Anlage	Kraftstoff	FT-Gerät	Sonstiges
Ju 88 A-4 (K)	Jumo 211 J	 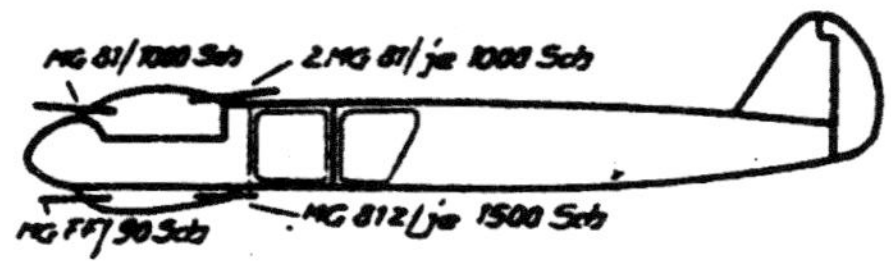 max Bombenlast 3000 Kg	2 Schloß 1000 od. 2 Schloß 2000 £ ETC 500/IX 28 Schloß 50/X	i.R. 1220 l i.R. 680 l i.Fl.1680 l abwerfbare Außenbehäl- ter 2x 900 l Ges.Inh. 5380 l	FuG 10 P Peil G-6 Fu 31 2F FuG 25a	Robot-Kamera zum Einbau vorgese- hen. Führersitz B-Stand und C-Stand ge- panzert
.u 88 A-12 (Schul)	Jumo 211 B	" ohne Waffen	-	"	"	Doppelsteuerung: Umrüstung
Ju 88 A-14 (K)	Jumo 211 J	wie Ju 88 A-4	2 Schloß 1000 od. 2 Schloß 2000 2 ETC 500/IX 28 Schloß 50/X	"	"	Robot-Kamera zum Einbau vorgese- hen. Führersitz B-Stand und C-Stand gepanzert Kutonase
Ju 88 A-16 (Schul)	"	wie Ju 88 A-4 ohne Waffen	-	"	"	Umrüstung Doppelsteuerung
Ju 88 A-17 (K/LT)	"	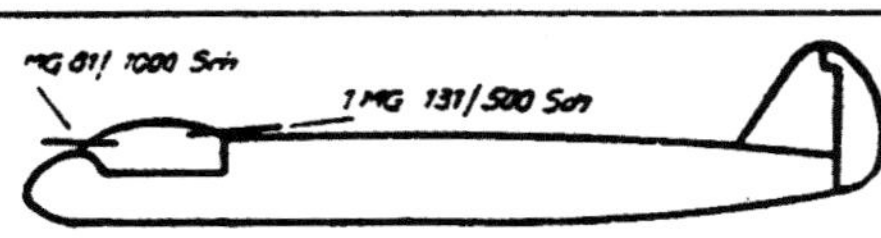 2 LT 750 od 905 Kg	2 x PVC 1006 B	"	"	Führersitz und B-Stand gepanzert Torpedo-Abwurf- anlage
Ju 88 C-6 (Z/N)	"	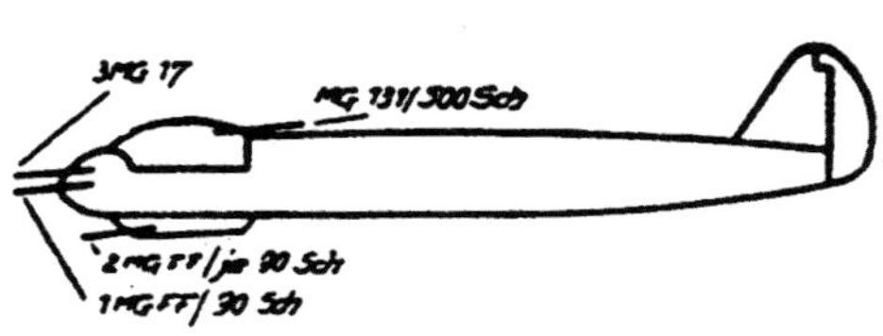	Gerüste mit 28 Schloß 50 i.R.	i.R.1220 l i.R. 680 l i.Fl.830 l i.Fl.850 l Ges.Inh. 3580 l	FuG 10 Peil G 6 FuBl 2 APZ 6 FuG 16 ZY FuG 25a FuG 220 FuG 101	
Ju 88 D-1 (F)	Jumo 211 J	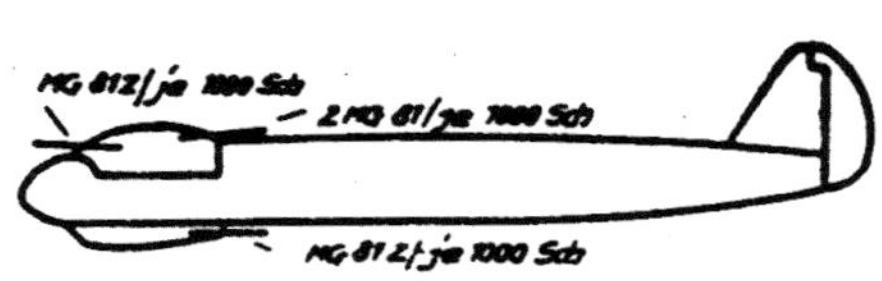	2 Schloß 1000 u.Fl. 2 ETC u.Fl. möglich 28 Schloß 50/X	i.R.1220 l i.R. 680 l i.Fl.1680 l abwerfbare Außenbe- hälter 2x 900 l Ges.Inh. 5380 l	FuG 10 P Peil G 5 FuBl 2 APZ 5 FuG 25a	ohne Sturzflug- anlage RB 2x75/30 od. RB 2x50/30 " Nachtbildgerät

Ju 88 G-1 (N/Z)	BMW 801 D	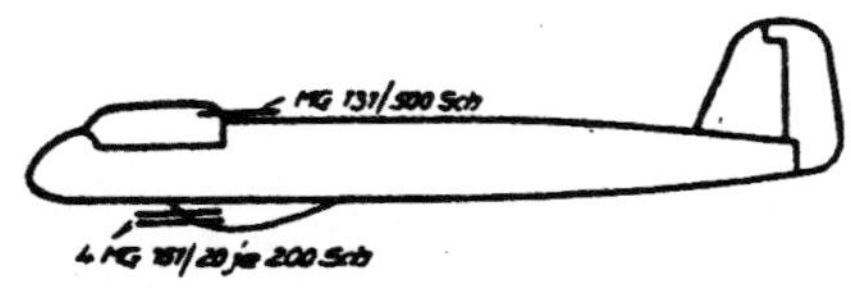 		i.R. 500 l i.R. 680 l i.Fl. 830 l i.Fl. 850 l Ges.Inh. 2800 l	FuG 10 Peil G6 FuBl 2 APZ 6 FuG 16 ZY FuG 25a FuG 220 FuG 101	
Ju 88 G-6 (N/Z)	Jumo 213 A	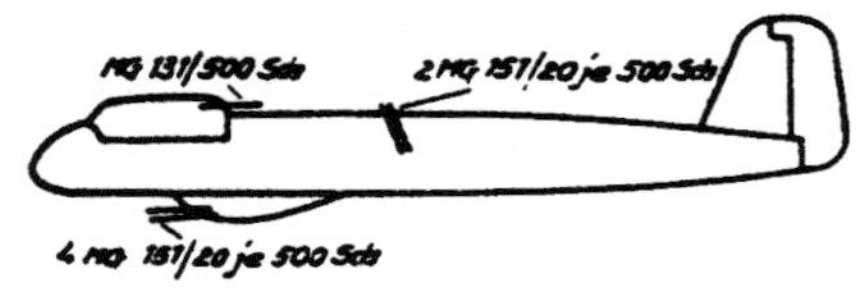 		i.R. 475 l i.R. 1050 l i.Fl. 830 l i.Fl. 850 l Ges.Inh. 3205 l	" FuG 120 (FuG 353)	
Ju 88 G-7 (N/Z)	Jumo 213 E	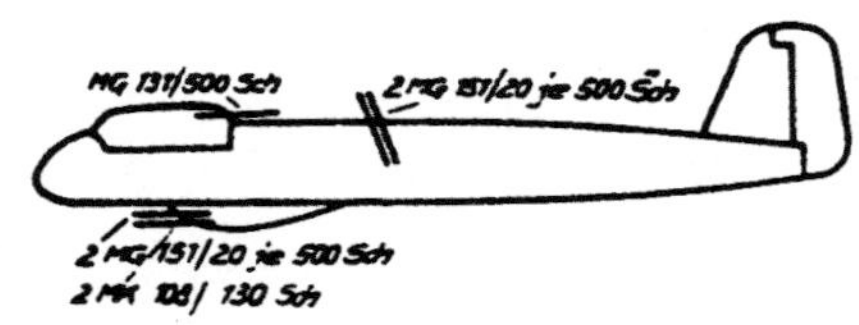 		"	FuG 10 P APZ 6 FuBL 2 F FuG 16 ZY FuG 25a FuG 101 FuG 220 FuG 120 (FuG 353)	
Ju 88 H-1 (F)	BMW 801 D	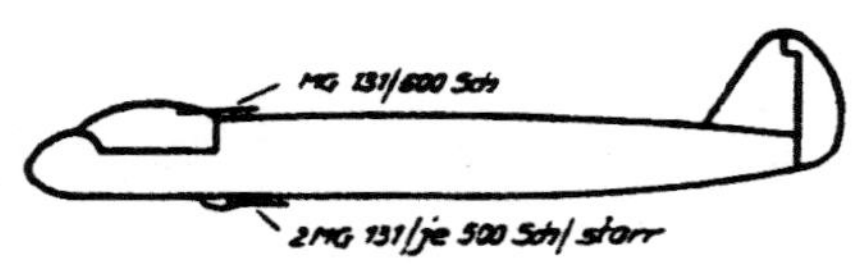 		i.R. 3 x 1220 l i.R. 680 l i.Fl. 830 l i.Fl. 850 l Ges.Inh. 6020 l	FuG 10 P Peil G 5 FuBl 2 APZ 5 TZG 10 FuG 25a FuG 101	vergrößerte Reichweite Rumpfverlängerung
Ju 88 P-4 (K)	Jumo 211 P	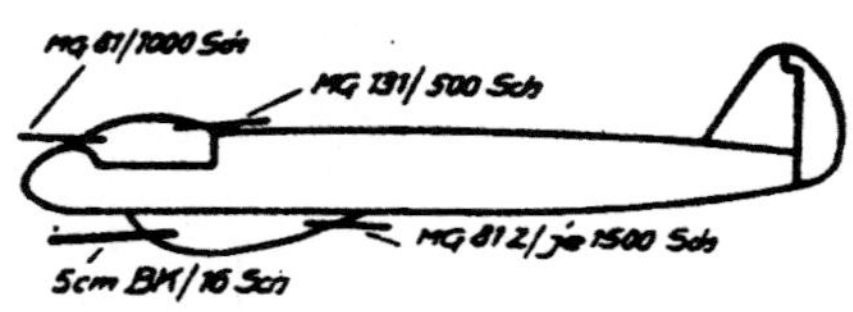 	2 Schloß 1000/XI bezw. 2000/XIII 4 ETC 500/IXd 20 Schloß 50/X	i.R. 1220 l i.R. 680 l i.Fl. 1680 l abwerfbare Außenbehälter 1800 l Ges. Inh. 5380 l	FuG 10 P Peil G 6 mit APZ 6 Fu-Bl 2F TZG 10 FuG 16	wie A-4, jedoch KWK 39 in besonderer Bodenwanne ohne Sturzflug - anlage
Ju 88 R-2 (N/Z)	BMW 801 D	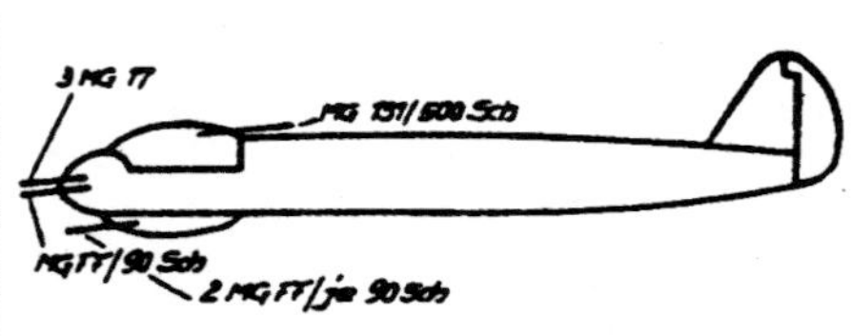 	Gerüste mit 28 Schloß 50 i.R.	i.R. 1220 l i.R. 680 l i.Fl. 830 l i.Fl. 850 l Ges. Inh. 3580 l	FuG 10 P Peil G 5 FuBl 2 APZ 5 TZG 10 FuG 25a FuG 101 FuG 16 ZY FuG 220 (FuG 353)	

Diese Ju 88 G-1 wurde im Winter 1944/45 von Mainz-Finthen aus eingesetzt.

Technische Daten

Baumuster	Ju 88 A-4
Besatzung	4
Spannweite	20,05 m
Länge	14,40 m
Höhe	5,10 m
Höchstgeschwindigkeit	400 km/h mit Bombenlast
Höchstgeschwindigkeit	455 km/h mit Bombenlast
Landegeschwindigkeit	140 km/h
Steiggeschwindigkeit	3,6 m/s in 3.000 m
Flugmasse	13.200 kg
Leermasse	7.180 kg
Reichweite	2.200 bis 2.800 km
Gipfelhöhe	6.000 bis 7.500 m

Mit einer frühen FuG 200-Funkmessanlage flog diese Ju 88 A-4 Schiffsuchseinsätze.

Die meisten Ju 88 A und D waren mit einem MG 81 Z im C-Stand im Einsatz.

Ju 88 S-1 (SK)	BMW 801 D	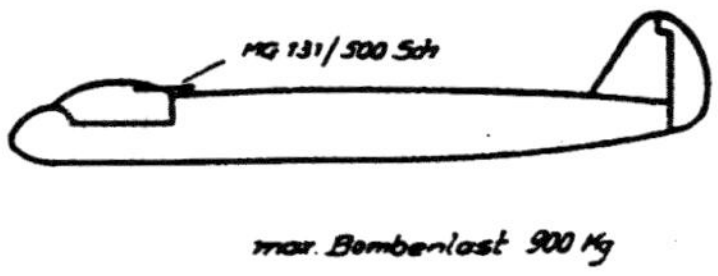	18 Schloß 50 i.R.	i.Fl. 830 l i.Fl. 850 l Ges.Inh. 1680 l	FuG 28a FuG 172 FuG 25a FuG 10P APZ 6 FuBl 2F FuG 101	im 2.Lastenraum GM 1-Anlage Lastenträger können an den Flächen angebaut werden
Ju 88 S-3 (K)	Jumo 213 A	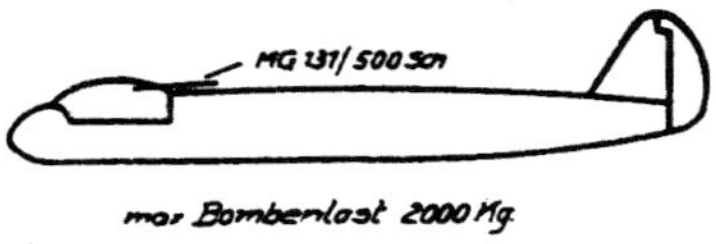	" 2 Schloß 1000 u.Fl.	i.Fl. 2 x 415 l 2 x 425 l i.R. 1 x 1220 l 1 x 1050 l Außenbehälter 1 x 900 l Ges.Inh. 4850 l	FuG 10P APZ 6 FuBl 2F FuG 16 ZY FuG 25a FuG 101 FuG 217	
Ju 88 T-1 (F)	BMW 801 D	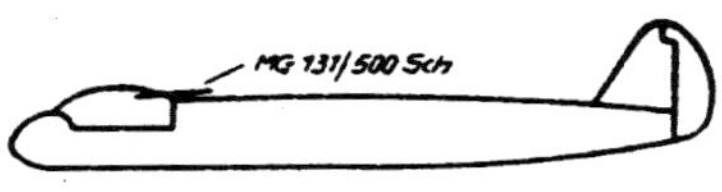		i.R. 1220 l i.R. 680 l i.Fl. 850 l i.Fl. 830 l + oder GM 1 2 x 900 l abwerfbar Ges.Inh. 5380 l	FuG 10 Peil 06 FuBl 2 APZ 6 FuG 16 FuG 25a	Lastenträger wie bei S-1 anbaubar ohne Sturzfluganlage. Bildkamera 2,4x2,4 RB 20/30 + RB 50/30 oder RB 75/30
Ju 88 T-3 (F)	Jumo 213 A	wie Ju 88 T-1 (F)	10 Schloß 50 i.R.	i.R. 1220 l i.Fl. 830 l i.Fl. 850 l 1 x 900 l abwerfbar Ges.Inh. 3800 l	FuG 10 Peil 06 FuBl 2 APZ 6 FuG 16ZY FuG 25a FuG 217 nur Einbausatz	Schrägbildeinbau, Kleinbildkamera 2,4x2,4 Rb 20/30 + RB 50/30 oder RB 75/30

Als Schnellbomber flog die Ju 88 S-3 im Winter 1943/44 Kampfeinsätze über Westeuropa.

Die Ju 88 A-5 wurde ab 1942 zunehmend bei Schulverbänden der Luftwaffe eingesetzt. Als Triebwerke besaß die Maschine zwei Jumo 211.

Der Gedanke eines leicht bewaffneten Schnellbombers fiel schon vor Kriegsbeginn dem Denken der Luftwaffenführung zum Opfer. Kampfflugzeuge sollten vor allem sturzkampffähig sein, um wichtige Bodenziele in wenigen Einsätzen ausschalten zu können. Hierfür schien das sturzkampffähige Kampfflugzeug wie geschaffen. Nachdem die Verwendung dieser Maschinen in taktischer Hinsicht nicht mehr gefragt war, weil die gegnerische Abwehr stark zugenommen hatte und auch die Luftüberlegenheit nicht mehr vorhanden war, blühte der Schnellbombergedanke wieder auf. Völlig in die Defensive geraten entfiel auch dieser, da zunehmend schwere Nachtjäger zur Verteidigung des eigenen Luftraums notwendig waren.

Die Ju 88 G-6 gehörte bei Kriegsende zu den leistungsstärksten deutschen Nachtjägern mit schräger Bewaffnung.

Ju 188

Aus den Erfahrungen mit der Ju 88 A-4 und denen aus der Entwicklung der Baureihe B entstanden zunächst die Versuchsmuster Ju 88 V43 (WerkNr. 1530, D-AFBK, RF+IQ) und die V44 (WerkNr. 1687, NF+KQ), die als Musterflugzeuge der Baureihe E der Ju 88 galten. Bei den Maschinen handelte es sich um Umbauten der Ju 88 A-4, welche BMW 801 ML/2-Doppelsternmotoren erhalten hatten. Mindestens eine der Maschinen, die V44, wurde zudem mit den größeren Flächen des geplanten Nachfolgemusters ausgestattet. Als Musterflugzeuge für die angestrebte Serienfertigung entstanden die Ju 88 V61 bis V65. Die V61 entsprach 1942 dem Bauzustand einer E-2 und war das Ebenbild der V44. Die nächste Maschine (V62) ging am 15.10.1942 bei der Überführung nach Rechlin zu Bruch. Die V63 (WerkNr. 140699, CE+XA) besaß erstmals einen HD 151-Drehstand auf der Oberseite der Kabine und diente vor allem der Verbesserung der Waffenanlage. Noch im März 1945 stand das Versuchsmuster bei Junkers. Als Ersatz für die abgestürzte V62 wurde die V64 (NJ+TJ) eingesetzt.

Die Ju 188 V1 (WerkNr. 10020) flog als Erprobungsträger mit Heckstand. Auch die Ju 188 V2 wurde mit einer Hecklafette HL 131/Z1 ausgerüstet und in Travemünde erprobt. Als Sofortlösung wurde aus der Ju 88 E-1 die Ju 188 E-1, welche ebenfalls BMW 801-Sternmotoren erhielt. Die Maschinen zeichneten sich vor allem durch das neue Seitenleitwerk und eine größere Spannweite sowie den überarbeiteten Cockpitbereich aus. Außer der Ju 188 E-1 gehörten die Fernaufklärer der Baureihe F sowie die Bomberausführungen der Baureihe A zu den am meisten produzierten Ju 188. Alle übrigen Baureihen kamen über das Projektstadium oder Mustermaschinen nicht mehr hinaus. Die Ju 188 war zumeist bei den Kampfgeschwadern 2, 26 und 66 sowie bei etlichen Fernaufklärungsgruppen im Einsatz.

Die Ju 188 A-2 verfügte über einem B2-Stand auf dem Kabinendach.

Technische Daten

Baumuster	Ju 188 E-1
Besatzung	4
Spannweite	22,00 m
Länge	15,05 m
Höhe	4,45 m
Höchstgeschwindigkeit	425 km/h mit Bodennähe
Höchstgeschwindigkeit	495 km/h in 6.000 m
Steiggeschwindigkeit	8,7 m/s in 2.000 m
Steigzeit	17,5 min auf 6.000 m
Maximale Flugmasse	14.550 kg
Leermasse	8.200 kg
Reichweite	2,800 km bei Sparleistung
Gipfelhöhe	10.100 m

Im Grunde stellte die Ju 188 nur eine Ausweichlösung für die Ju 288 dar, deren Serienproduktion nicht erfolgte, da entsprechend starke Flugmotoren wie der Jumo 222 nicht verfügbar waren. Ausserdem wurde die Maschine lange als ein sehr leistungsfähiger Nachtjäger angesehen. Trotz der Verwendung von Jumo 213-Reihenmotoren gelang es aber nur, eine mittelprächtige Lösung zu erhalten, ehe die bisherigen mittleren Bomber von den entsprechenden zwei- und vierstrahligen Einsatzmustern abgelöst werden sollten.

Bei den Kampfgeschwadern KG 2 und KG 66 wurde die Ju 188 noch im Sommer 1944 offensiv über Westeuropa eingesetzt.

Baureihe	Triebwerk	Bewaffnung – Beladung	Abwurf-Anlage	Kraftstoff	FT-Gerät	Sonstiges
Ju 188 A-2 (K)	Jumo 213 A	 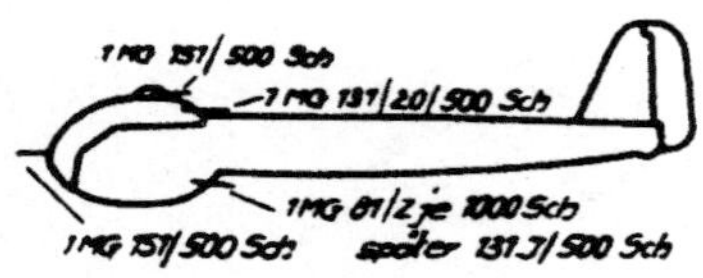	2 Schloß. 1000 2 ETC 500 Gerüste mit 28 Schl. 50	i.R. 1220 l i.R. 680 l i.Fl. 830 l i.Fl. 850 l	FuG 10 FuG 16 ZY) FuG 25a Peil G6 FuBl 2 FuG 101a (FuG 217)	
Ju 188 A-3 (LT)	"	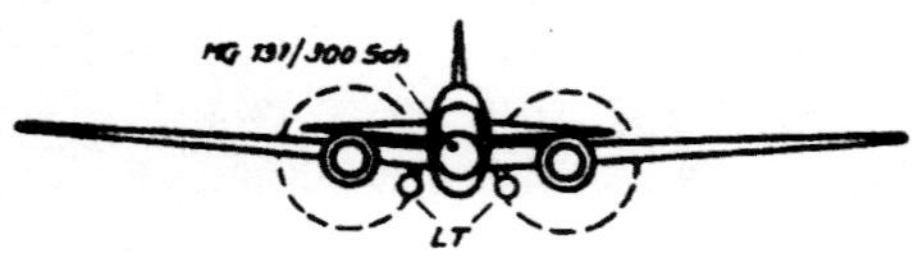 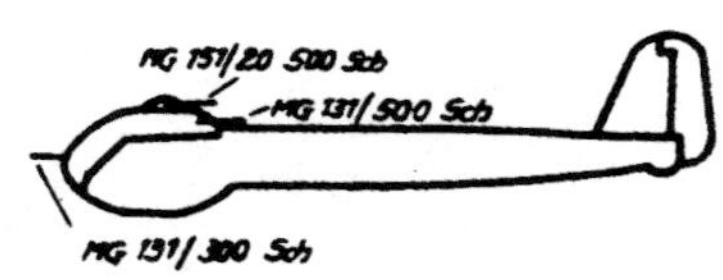	2 PVC 1006 B	i.R. 2250 l i.Fl. 830 l 850 l	" zusätzl. FuG 200	Torpedo-Flugzeug
Ju 188 D-2 (F)	"	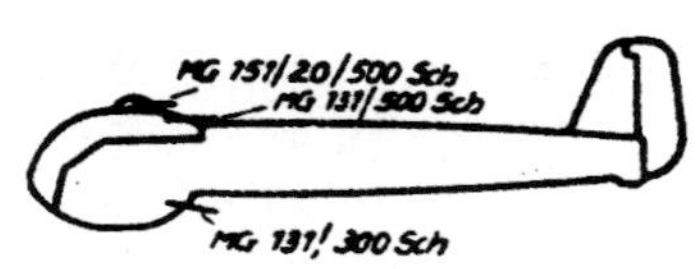	—	i.R. 1880 l i.Fl.1680 l + 2x 900 l Außenbeh. abwerfbar	FuG 10 FuG 25a Peil G6 FuBl 2 FuG 101a (FuG 217)	RB 2x75/30 oder RB 2x50/30 oder Nachtbildgerät
Ju 188 E-1 (K)	BMW 801 D	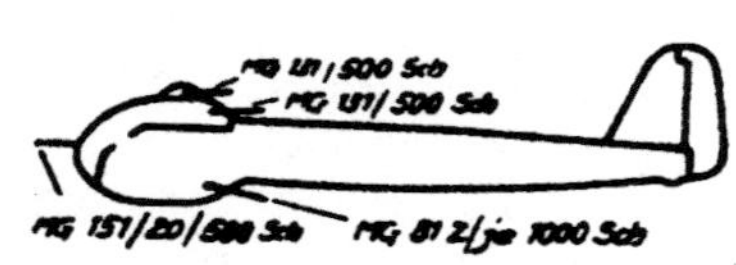	wie Ju 88 A-4	i.R.1220 l i.R. 680 l i.Fl.830 l i.Fl.850 l Ges.Inh. 3580 l	FuG 10P Peil G6 FuBl 2F FuG 25a FuG 101 FuG 16	
Ju 188 F-1 (F)	BMW 801 G	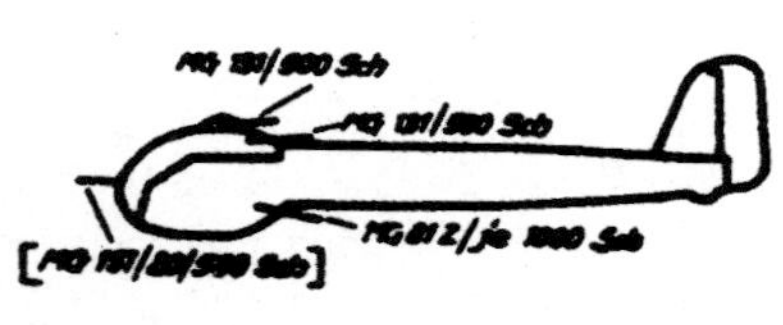	wie A-2 -	i.R.1880 l i.Fl.1680 l 2x 900 l Außenbeh.	FuG 10P FuG 16 FuG 25a FuBl 2F FuG 101 (FuG 217)	wie D-2
Ju 188 G-2 (K)	Jumo 213 A	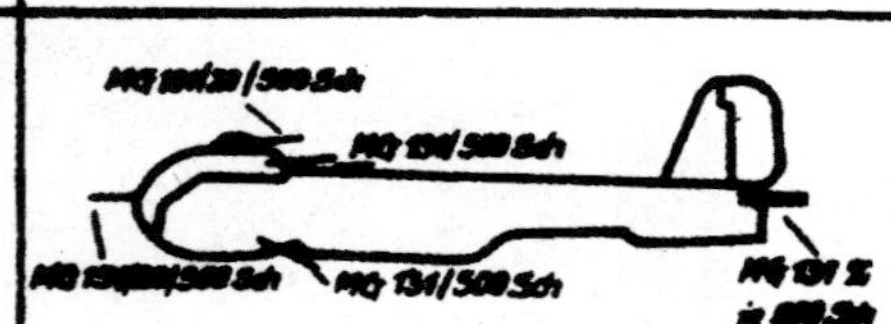	wie Ju 388 K-1	i.R.1420 l i.Fl. 860 l i.Fl. 830 l abwerfb. Außenbeh. 1x 900 l	FuG 10 FuG 16Z(Y) FuG 25a Peil G6 FuBl 2 FuG 101	mit Bombenwanne

Ju 290

Die Ju 290 entstand aus der Ju 90, deren erste Mustermaschine im August 1937 flog. Die Ju 290 V1 (Werk Nr. 0001, DB+TX) nahm die Erprobung am 16.07.1942 auf und ging am 13.01.1943 bei der Stalingrad-Versorgung verloren. Die Ju 290 V2 (CE+YZ), ein Musterflugzeug, das der A-1-Baureihe entsprach, flog erstmals am 7.12.1942; die V4 (SB+QC) folgte am 13.02.1943. Die erste Ju 290 A-2 (vermutlich mit der Bezeichnung V5, SB+QG) wurde ab 29.05.1943 im Werk eingeflogen. Nach fünf Ju 290 A-3, flog die V7 (PI+PS) als Mustermaschine für die Baureihe A-4, von der noch vier weitere Flugzeuge ausgeliefert wurden. Von der A-5 folgten insgesamt elf Maschinen. Die erste von ihnen besaß die WerkNr. 110176. Die Ju 290 V8, eine A-7, stellte die Mustermaschine für die geplante Ju 290 B-Produktion dar. Von dieser Bauserie wurden außer dem Musterflugzeug noch zwölf Serienflugzeuge montiert. Nach relativ wenigen Ju 290 A-8 und A-9 sollte 1944 auf die Baureihe B-1, ein viermotoriges Transportflugzeug, übergegangen werden. Die bei Letov in Prag geplante Produktion wurde zwar vorbereitet, kam aber über Mustermaschinen, von denen eine als Bruchzelle Verwendung fand, nicht mehr hinaus.
Als leistungsstärkere Ausführungen für den offensiven Ferneinsatz wurden die Baureihen Ju 290 C-1 und C-2 sowie die D-1 und E-1 entwickelt. Diese Baumuster unterschieden sich durch den Einbau von Zwillingstürmen mit MG 151-Bestückung am Bug und Heck von der Ju 290 A. Die C-1 sollte darüber hinaus über drei weitere MG 151-Zwillingstürme auf und unter dem Rumpf verfügen. Die Ju 290 C-2 war mit insgesamt nur drei der Waffenstände wesentlich leichter bewaffnet. Die Ju 290 D-1 glich der C-1, besaß aber eine umfangreiche Abwurfwaffenanlage. Gleiches hätte für E-1 gegolten, die zudem einen geräumigen Bombenschacht erhalten sollte.
Die Mehrzahl der Maschinen wurde als Fernaufklärer bei der Fernaufklärungsgruppe 5 genutzt. Es handelte sich dabei um die Baureihen Ju 290 A-3 bis A-5 und die A-7. Als Transportflugzeuge fanden dagegen die 1942 und 1943 gebauten Ju 290 A-1 bei der Lufttransportstaffel 290 Verwendung. Die 1944 verbliebenen Einsatzmuster aller Baureihen wurden der ersten Staffel des KG 200 übergeben und bei Sondereinsätzen, beispielsweise dem Absetzen von Agenten verwandt. Eine letzte Ju 290, die A-7 mit der WerkNr. 0192, KR+LW, ging am 24.03.1945 auf dem Flugplatz München-Riem durch Bombentreffer verloren. Aus verschiedenen bereits vorhandenen Baugruppen entstand im Sommer 1945 bei Letov ein Ju 290-Verkehrsflugzeug, das den Namen "Orel" erhielt.

Bei der Fernaufklärungsgruppe (FAG) 5 wurde die Ju 290 zur Überwachung weiträumiger Seegebiete eingesetzt.

Die Entwicklung sowie die sich anschließende Serienproduktion der Ju 290 zeigten die - im Vergleich zu den westlichen Alliierten - relativ beschränkten Möglichkeiten der deutschen Luftfahrtindustrie, welche unter dem ständigen Mangel an hochwertigen Materialien für die Fertigung von viermotorigen Großflugzeugen litt, da die Masse der Ressourcen für die Produktion von einmotorigen Jagd- und Schlachtflugzeugen sowie für zweimotorige Nachtjäger und mittlere Bomber eingesetzt werden musste. Der Mangel an wirklichen Fernaufklärer verhinderte eine sinnvolle Unterstützung der Kriegsmarine beim atlantischen Zufuhrkrieg sowie die Verbindung zu dem asiatischen Verbündeten. Das Ausbleiben geeigneter schwerer Reihenmotoren und Doppelsternmotoren bedingte vergleichsweise geringe Leistungen und damit häufig den Verlust der ohnehin zahlenmäßig geringen Anzahl an Fernkampfflugzeugen infolge leistungsmäßig überlegener Feindmaschinen.

Trotz ihrer Defensivbewaffnung konnte sich die Ju 290 A nur bedingt gegen alliierte Fernjäger durchsetzen.

Baureihe	Triebwerk	Bewaffnung – Beladung	Abwurf-Anlage	Kraftstoff	FT-Gerät	Sonstiges
Ju 290 A-1 (T)	BMW 801 L	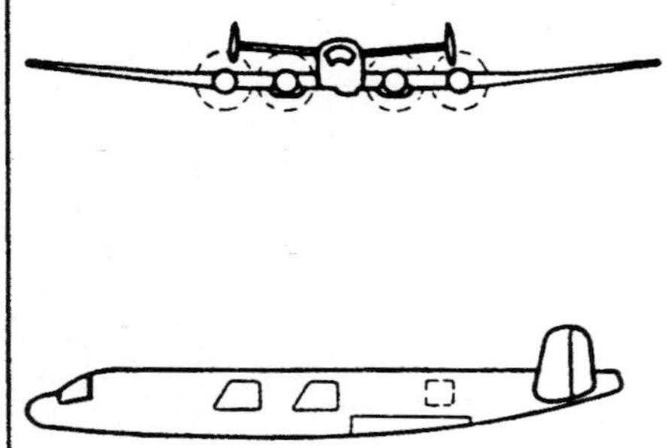	—	2x2950 l 2x1650 l 2x2900 l 3450 l Ges.Inh. 18450 l	FuG 10K2 mit TZG 10 FuG 16Z FuG 25a Peil G6 mit APZ 6 FuBl 1	Transporter (unbewaffnet)
Ju 290 A-3 (F)	BMW 801 D	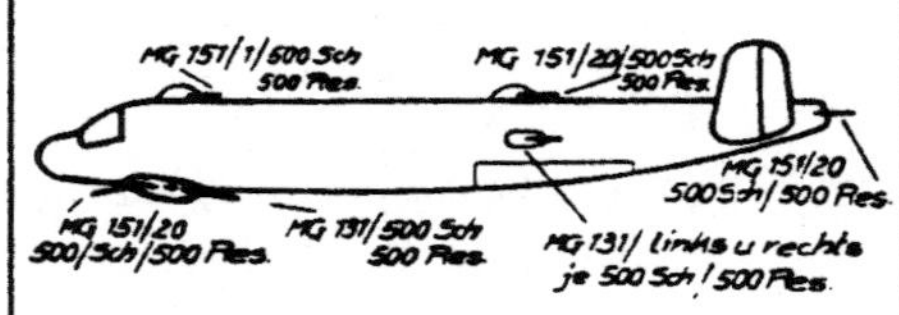	—	"	" FuBl 2H FuG 101 FuG 200 FuG 216	Astro-Kuppel 7 Mann Besatzung ohne Transporter Ausstattung; Führersitze, Triebwerke und Waffenstände gepanzert. 4 Ruhesessel
Ju 290 A-4 (F)	"	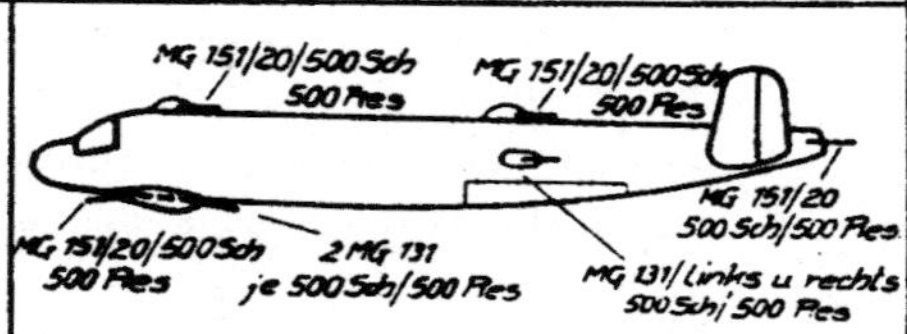	—	"	"	" zwischen A-3 und A-4 bestehen nur Fertigungsunterschiede. Einheitsbodenwanne
Ju 290 A-5 (F)	"	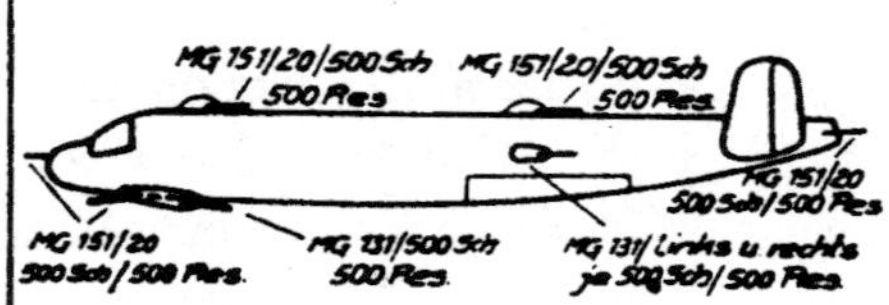	ETC 2000	"	"	Nur 3 Ruhesessel sonst wie A-4
Ju 290 A-7 (F)	"	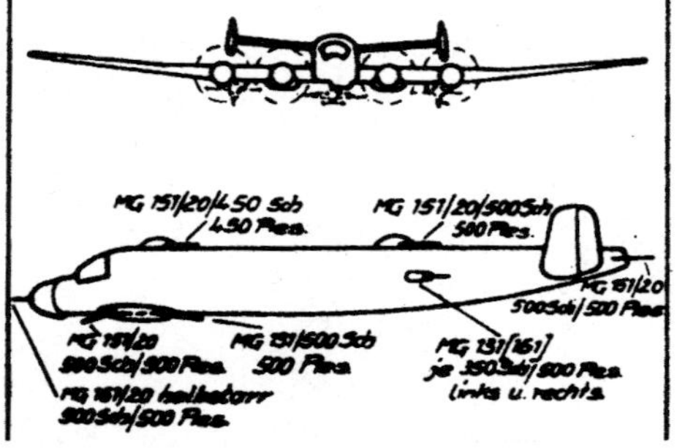	"	"	" (203 e)	Verstärkte Zelle; anstelle der Rollbremse im Steuerblock, Ruderbremse für alle 3 Achsen; zusätzlich FK-Einbau vorgesehen. 2 Bildgeräte 32/ 7x9 in SL 131 rechts und links

Technische Daten

Baumuster	Ju 290 A-9
Besatzung	6
Spannweite	42,00 m
Länge	29,50 m
Höhe	6,90 m
Höchstgeschwindigkeit	455 km/h in 5.800 m
Dauergeschwindigkeit	335 km/h in 3.000 m
Steiggeschwindigkeit	3,10 m/s in Bodennähe
Steigzeit	32 min auf 4.000 m
Flugmasse	45.950 kg
Leermasse	24.000 kg
Normale Reichweite	6.150 km
Maximale Reichweite	7.580 km
Gipfelhöhe	6.600 m

Zahlreiche Ju 90 und Ju 290 waren bei der Luftwaffe als Langstreckentransportflugzeuge im Einsatz.

Ju 388

Nachdem von der Ju 188 nur die Baureihen A, E und F in Serie produziert worden waren und von der Ju 188 G und R nur Musterstücke fertiggestellt werden konnten, blieben alle übrigen Ausführungen (C, H, R, S und T) bereits im Projektstadium stecken. Im Rahmen der Weiterentwicklung der Ju 188 wurden aus den drei Baureihen J, K und L, die Ju 388 J (Zerstörer und Nachtjäger), die Ju 388 K (Höhenbomber) und die Ju 388 L (Höhenfernaufklärer). Ein Teil der Maschinen wurde im Sommer 1943 als Ju 188 L-0 (WerkNrn. 300001 bis 300010) begonnen und ab Ende 1943 als Ju 388 fertiggestellt. Das erste Versuchsmuster, die Ju 388 V7 (WerkNr. 300001, PG+YA) flog erstmals im Dezember 1943. Die Maschine kann daher als direkter Vorläufer der späteren Baureihe L-0 gelten, da beide auf der Rumpfunterseite einen Waffentropfen - aber keine Bodenwanne - besaßen. Die Ju 388 V8 (WerkNr. 300002), das zweite Versuchsmuster, wies erstmals die typische große Bodenwanne und einen noch als Attrappe ausgeführten Heckstand auf.

Die spätere Form der Ju 388 ergab sich ab der Werk Nr. 500001, der Ju 388 V1(PE+IA), dem Vorläufer der geplanten Ausführung J-1. Ähnlich sah die V2 (Werk Nr. 500002, PE+IB) aus, die sich durch eine im Rumpf eingebaute Schrägbewaffnung sowie je zwei MK 108 und MG 151 in der Waffenwanne von der V1 unterschied. Die Ju 388 V3 und V4 stellten Höhenbomber der Ausführung K-1 dar. Dagegen waren die beiden folgenden Mustermaschinen (V5 und V6) als Vorläufer der Fernaufklärer-Baureihe L gedacht. Als Triebwerke waren für die drei Hauptausführungen jeweils zwei BMW 801 G, Jumo 213 E oder Jumo 222 geplant. Als erste Maschine mit Jumo 213 E-Höhenmotoren wurde im Juli 1944 die Ju 388 V21 fertiggestellt. Ob Maschinen mit Jumo 222 A- oder E-Motoren ausgerüstet worden sind, bleibt weiterhin unbekannt; dies gilt auch für Pläne, mehrere Mustermaschinen mit dem DB 603 auszustatten.

Die Ju 388 L-1 wurde bei ATG in Leipzig, Weser Flugzeugbau in Liegnitz/Schlesien und Junkers in Dessau in Serie produziert. Am 29.10.1944 wurde der erste Ju 388 L-1-Aufklärer nach Altenburg ausgeliefert. Die Erprobung der meisten Versuchsmuster und sonstigen Musterflugzeuge erfolgte beim Erprobungskommando 388, das ab dem 15.07.1944 die Erprobung bis zur Frontreife durchführen sollte. Im September 1944 waren dort insgesamt sieben Ju 388 K-0, L-0 und L-1 vorhanden. Am 14.02.1945 wurde dem Kommando eine neue Aufgabe zugeteilt, die Erprobung der Ar 234 als Nachtjäger. Nur relativ wenige Ju 388 L-1 dürften im Winter 1944/45 den Weg zu Fernaufklärerverbänden gefunden haben, nachdem die Produktion sowie die gesamte Entwicklung der Ju 388 ab Februar 1945 eingestellt worden war.

Die ersten Ju 388 wurden anfangs noch ohne Heckstand erprobt.

Die Ju 388 L-1 war für die Ausstattung der meisten Fernaufklärungsstaffeln vorgesehen.

Als Heckstand verfügte die Ju 388 über ein oder zwei MG 131-Waffen.

Technische Daten

Baumuster	Ju 388 L-1
Besatzung	3
Spannweite	22,00 m
Länge	15,20 m
Höhe	4,35 m
Höchstgeschwindigkeit	400 km/h in Bodennähe
Dauergeschwindigkeit	560 km/h in 11.500 m
Steiggeschwindigkeit	6,5 m/s bis 9.000 m
Steigzeit	70 min auf 10.000 m
Flugmasse	15.100 kg
Leermasse	10.100 kg
Reichweite	3.600 km
Gipfelhöhe	13.500 m

Baureihe	Triebwerk	Bewaffnung - Beladung	Abwurf Anlage	Kraftstoff	FT-Gerät	Sonstiges
Ju 388 J-1 (N Hö)	BMW 801 TJ	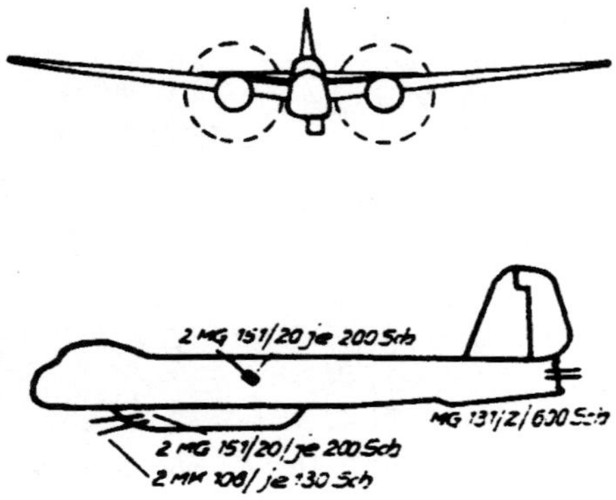	--	i.R. 475 l i.R. 1050 l i.Fl. 1750 l Ges. Inh. 3275 l	FuG 10 Peil G3 FuBl 2F FuG 25a FuG 101 FuG 16ZY FuG 220 FuG 120 FuG 350(Z) (FuG 353)	Fla-V-Anlage und Nachtsuchgerät
Ju 388 J-2 (Z)	Jumo 222	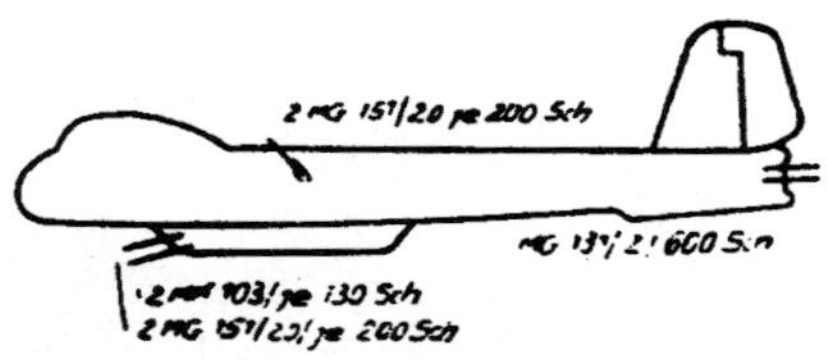	--	wie Ju 388 J-1		
Ju 388 J-3 (N)	Jumo 213 E	wie Ju 388 J-1 (N)	--	wie Ju 388 J-1 zusätzl. 1x 900 l Beh. abwerfbar möglich.	wie J-1	wie Ju 388 J-1
Ju 388 K-1 (K Hö)	BMW 801 TJ	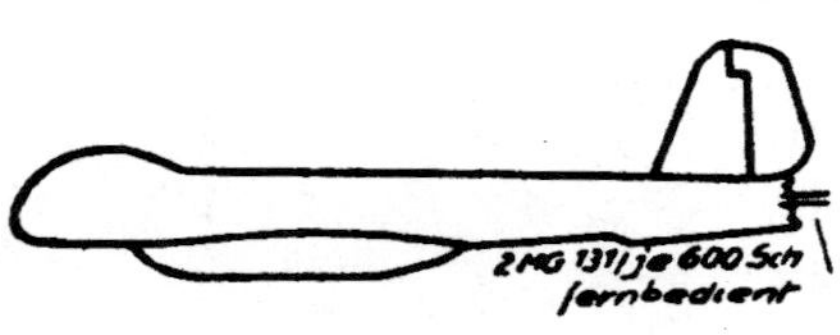	2 Doppelschloß-lafetten 1000/500 3 Schloß-lafetten 1000/500 1 EBSE XII 2 Schloß 2000 4 Schloß 500 Gerüst 8 Schloß 50 (wahlweise)	i.R. 1420 l i.Fl. 1750 l	FuG X + TZ8 X Peil G6+ FuBl 2F FuG 25a FuG 101 FuG 217 FuG 162(Y)	mit 3 Mann Höhenkammer Bombenbauch unter dem Rumpf bis 1800 kg Bomben
Ju 388 K-3 (K Hö)	Jumo 213 E	wie Ju 388 K-1 (K Hö)	wie Ju 388 K-1	wie Ju 388 K-1 zusätzl. 1x 900 l Beh. abwerfbar möglich.	wie K-1	wie Ju 388 K-1
Ju 388 L-0 (F Hö)	BMW 801 TJ	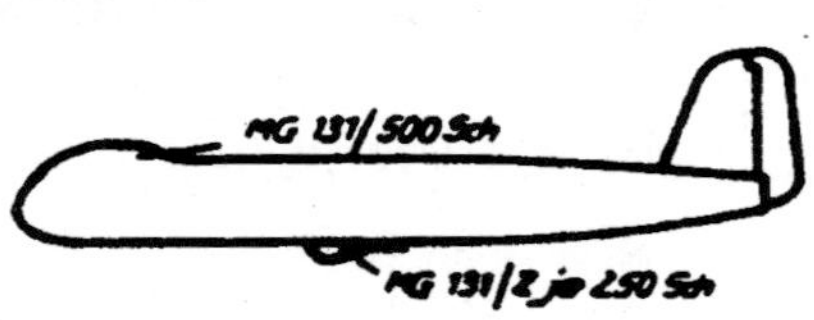	-- Leuchtbomben	i.R. 1900 l i.Fl. 1780 l	FuG X+ TZ8 X Peil G6+ FuBl 2F FuG 25a FuG 101 FuG 217	mit 3 Mann Höhenkammer 1 RB 50/30 senkrecht 1 RB 50/30 30° n. rechts 1 RB 50/30 30° n. links od. (Nachtbildgerät)
Ju 388 L-1 (F Hö)	BMW 801 TJ	wie Ju 388 K-1 (K Hö)	10-14 Leuchtbomben	i.R. 2180 l i.Fl. 1750 l	-	2 RB 50/30 oder 75/30 (Nachtbildgerät)

Die Ju 388, das letzte mit Kolbenmotoren ausgerüstete Kampfflugzeug der deutschen Luftwaffe, wurde zu einem Zeitpunkt nahezu einsatzreif, als der Übergang zu den strahlgetriebenen Einsatzmustern bereits im Gange war. Als Fernaufklärer wurden die Aufgaben der Ar 234 B-1 und B-2b, als Nachtjäger von der Me 262 B sowie der He 219 mit Jumo 213 E-Motoren und als Bomber von der Ar 234 B-2 und der Me 262 A-2 übernommen. Für weitere Einsatzmuster fehlten

Ju 388 L-3 (F Hö)	Jumo 213 E	wie Ju 388 L-1	wie Ju 388 L-1	wie Ju 388 L-1 zusätzl. 1x 900 l Beh. abwerfbar möglich.	wie L-1	wie Ju 388 L-1
Ju 388 M-1 (KLT)	BMW 801 E	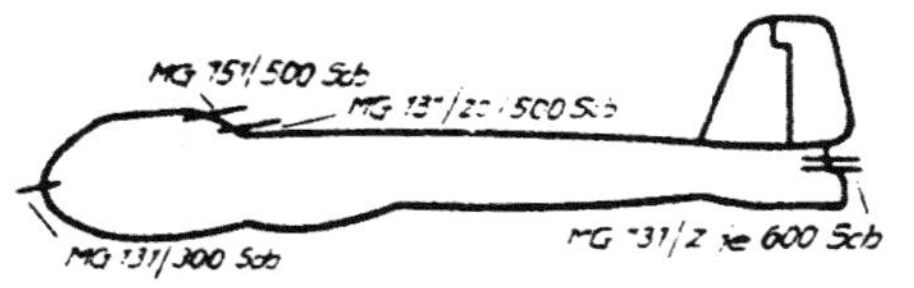	2 ETC 2001 u.d.Fl.	i.R.2720 l i.Fl.1650 l	wie Ju 188A-3	

kriegsbedingt die entsprechenden Ressourcen. Außerdem lagen die rechnerische Höchstgeschwindigkeit mit 710 km/h und deren Steigzeiten von 70 Minuten auf 10.000 m Höhe deutlich unter denen der strahlgetriebenen Konkurrenz.

Seitenansicht des serienmäßig ausgerüsteten Ju 388-Kampfflugzeugs.

Ab Februar 1945 wurden zahlreiche Ju 388 L-1 abgestellt, da die Arbeiten an den Maschinen eingestellt wurden.

Ju 390

Die mit sechs BMW 801 auszurüstende Ju 390 wurde entwickelt, obwohl der Luftwaffenführung schon Mitte 1942 bekannt war, dass die Leistungen im Vergleich zur Ju 290 nur wenig höher ausfallen würden. Dennoch ordnete das RLM - Generalluftzeugmeister (GLZ) am 2.12.1942 an, eine "fliegende Attrappe" in der DLH-Werft in Berlin-Staaken herzustellen, wozu es jedoch nicht kam. Die Erprobung sollte im Frühjahr 1943 beginnen. Das Ziel war ein Fernerkunder von etwa 9.000 km Reichweite im Reiseflug.
Auf Grund wichtigerer Entwicklungsaufgaben wurden die Arbeiten an der Ju 390 im Winter 1942/43 zeitweise zurückgestellt und erst im Frühjahr 1943 mit dem Umbau der viermotorigen Ju 90 V6 (WerkNr. 4918) begonnen. Der Rumpf wurde von dem Versuchsmuster übernommen und verlängert; maßgebliche Teile der Flächen wurden der Serienproduktion entnommen. Der erste Flug der Ju 390 V1 (WerkNr. 390 0001, GH+UK) erfolgte am 20.10.1943 in Merseburg. Die Flugleistungen wurden Ende 1943 als "recht befriedigend" bewertet. Am 5.11.1943 wurde das Versuchsmuster in Dessau und am 26.11.1943 in Insterburg vorgeführt.
Ab Januar 1944 soll sich die Maschine angeblich für einige Wochen bei der Fernaufklärungsgruppe 5 in Westfrankreich befunden haben; ein entsprechender Nachweis fehlt jedoch bis heute. Am 14.06.1944 wurde die Ju 390V1 dann nach Prag-Rusin überführt und diente dort ausschließlich Erprobungszwecken. Kurz zuvor, am 31.05.1944, hatte das RLM der E-Stelle in Tarnewitz befohlen, die von Junkers Ende 1943 vorgeschlagene Bewaffnung für die zukünftige Ju 390 zu beurteilen. Diese sollte unter anderem aus zwei 3 cm-MK 103 in der Ta 400 entlehnten FDL-C 103 Zwillingsbewaffnung im vorderen A-Stand und einer FDL-B 103 im B-Stand bestehen. Ferner war an je eine Seitenlafette SL 151 auf der linken und rechten Rumpfseite gedacht. Am 3.02.1945 wurde die Ju 390 V1 mehrfach in Rechlin und Lärz geflogen. Ein zweites Versuchsmuster hat es entgegen der Literaturmeinung nicht gegeben. Die entsprechenden Nennungen in zwei Flugbüchern dürften sich wohl auf die V1 beziehen. Die einzige fertiggestellte Ju 390 wurde im April 1945 in Dessau gesprengt. Weder die weiteren Versuchsmuster noch die geplante Nullserienfertigung der Ju 390 A-1 konnte ab Anfang 1945 realisiert werden.

Flugaufnahme der unbewaffneten Ju 390 V1 über Mitteldeutschland.

Technische Daten

Baumuster	Ju 390 A-0 (V1)
Besatzung	8
Spannweite	50,30 m
Länge	33,40 m
Höhe	6,90m
Höchstgeschwindigkeit	473 km/h in 2.000 m
Dauergeschwindigkeit	420 km/h in 3.000 m
Steiggeschwindigkeit	3,5 m/s in 1.000 m
Flugmasse	75.000 kg
Zuladung	35.500 kg
Leermasse	39.500 kg
RechnerischeReichweite	9.570 km
Gipfelhöhe	8.700 m

Das Fahrgestell der Ju 390 sollte im Rahmen des geplanten Serienbaus von der Ju 290 übernommen werden.

Ob von der Ju 390 wirklich ein zweites Musterflugzeug produziert wurde, bleibt weiterhin unbekannt.

Die allgemeine Lage verbot ab Sommer 1944 den Bau von Maschinen mit vier- und sechs Motoren in nennenswerten Stückzahlen. Aus diesem Grund wurde sowohl der Do 635, als auch der Ju 388 mit mehreren Zusatzbehältern bezeichnungswert der Me 264 (als Versuchs- oder Nullserienmuster) besondere Bedeutung beigemessen, um kurzfristig Fernstaufklärung für den Einsatz eigener U-Boote durchzuführen. Auf Grund der bis Anfang 1945 gewonnenen Leistungsdaten hätte sich die relativ behäbige Ju 390 kaum gegen alliierte Zerstörerflugzeuge oder Jäger durchsetzen können.

Baureihe	Triebwerk	Bewaffnung - Beladung	Abwurf-Anlage	Kraftstoff	FT-Gerät	Sonstiges
Ju 390 A-1 (F)	BMW 801 E	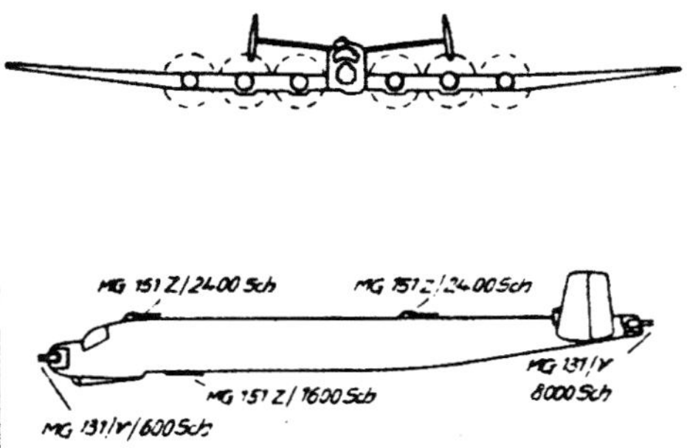	4 ETC 2000	2x 3000 l 2x 1000 l 4x 1500 l 5x 3500 l 2x 2950 l 2x 1650 l Ges.Inh. 40700 l	FuG 10 (mit TZG 10 und K 2) FuG 25a FuG 200 FuG 216 FuG 203e FuG 162(Y) Peil G6 APZ 6 FuBl 2H FuG 101 Ei-V-Anlage für 10 Mann	10 bis 12 Mann Besatzung, Astro-Kuppel, Heyde M 18, Notkompaß OK 4?. Nur 2 V-Flugzeuge; entwickelt aus Ju 290 durch Rumpfverlängerung und Flügel-Zwischenstück.

Frontansicht der Ju 390 V1 während der Erprobung im Werk.

Bf 108

Im September 1933 erteilte das RLM den Bayerischen Flugzeugwerken (BFW) einen Entwicklungsauftrag für ein viersitziges Reiseflugzeug, von dem zunächst sechs Musterflugzeuge hergestellt werden sollten und das anfangs die Bezeichnung M 37 trug. Die Endmontage der später als Messerschmitt Bf 108 bezeichneten Maschinen begann im April 1934. Das erste Musterflugzeug (WerkNr. 695, D-IBUM) erhob sich erstmals am 13.06.1934 mit Carl Franke am Knüppel in die Lüfte. Einen Monat später stürzte die Maschine beim Langsamflug ab. Die Bf 108 V2 bis V6 folgten im Juli 1936 und nahmen 1934 erfolgreich am Europarundflug teil. Die Maschinen überzeugten in der Folge durch die spektakulären Langstreckenflüge von Elly Rosemeyer-Beinhorn.

Dies führte dazu, dass sich die Luftwaffe ab Anfang 1935 für ein Reise- und Verbindungsflugzeug auf der Basis der frühen Bf 108 zu interessieren begann. Ab der B-Serie waren die Maschinen mit Verstell-Luftschrauben ausgerüstet und wiesen eine um etwa 0,3 m größere Spannweite auf. Zahlreiche Bf 109 B-1 wurden als Verbindungsflugzeuge an die deutsche Luftwaffe ausgeliefert.

Von der anstelle des Argus As 10C mit einem Hirth HM 508 ausgerüsteten Bf 108 C wurden nur zwei Maschinen hergestellt. Es folgte die Baureihe D-1, die ab Sommer 1941 sowohl bei Messerschmitt in Regensburg, als auch bei der SNCAN in Les Mureaux (Frankreich) vom Band lief. Besonders diese Ausführung war bei der Luftwaffe weit verbreitet. Die D-1 war mit einem Seitenruder mit Hornausgleich, einem 24 Volt-Bordnetz und einem Messerschmitt Verstellpropeller der Ausführung Me P7 ausgestattet. Bis 1942 wurden mehr als 250 der viersitzigen Verbindungsflugzeuge an die Luftwaffe ausgeliefert.

Diese Bf 108 wurde vom Korpsführer des NSFK-Gruppenführer Christiansen im Sommer 1938 geflogen.

Als schnelles Verbindungsflugzeug diente die Bf 108 „Taifun" bei zahlreichen Einsatzverbänden.

Als Versuchsmuster der Bf 109 flog diese Maschine über große Strecken.

Technische Daten

Baumuster	Bf 108 D-1
Besatzung	1 (2)
Spannweite	10,60 m
Länge	8,30 m
Höhe	2,20 m
Spurweite	1,49 m
Höchstgeschwindigkeit	305 km/h
Dauergeschwindigkeit	260 km/h
Landegeschwindigkeit	85 km/h
Steigzeit	10 min auf 3.000 m
Flugmasse	1.350 - 1.3380 kg
Leermasse	880 kg
Reichweite	1.000 km
Gipfelhöhe	5.000 m

Baureihe	Triebwerk	Bewaffnung – Beladung	Abwurf-Anlage	Kraftstoff	FT-Gerät	Sonstiges
Me 108 B-1 (Schul)	As 10 c	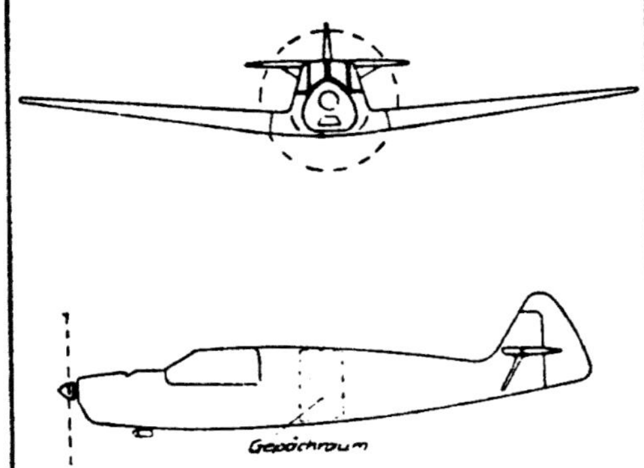	–	220 l	–	Schul – und Reiseflugzeug für 4 Personen, 12 Volt Anlage, Doppelsteuerung
Me 108 D-1 (Schul)	"	wie B - 1	–	"	–	Vorflügel verstärkt, Verbesserungen an Zelle und Ausrüstung; 24 Volt Anlage; Schul-und Reise flugzeug für 4 Personen, Doppelsteuerung

Blick in die Kabine der Bf 108.

Obwohl die leichte Reisemaschine sich vor allem bei den Luftwaffenstäben und Einheitsführern besonderer Beliebtheit erfreute, blieb die Verbreitung der Maschine trotz passabler Flugleistungen naturgemäß gering. In Frankreich, wo zahlreiche Bf 108 in Lizenz gebaut worden waren, wurde die Produktion mit stärkeren Triebwerken und einem Bugfahrwerk als Nord 1000 bis 1110 fortgeführt. Infolge der bislang guten Erfahrungen war es nicht verwunderlich, dass die Maschine ab 1975 in Deutschland als sechssitziges Privatflugzeug (Me 108 F) weiterentwickelt wurde.

Bf 109

Bereits ab Dezember 1933 begannen die Messerschmitt-Werke mit der Entwicklung eines ersten einsitzigen Verfolgungsjägers (VJ). Zunächst waren nur drei Versuchsmuster sowie eine Nullserie von sieben Flugzeugen (A-0) vom RLM geplant. Ab März 1934 nahm das Projekt, nachdem eine detaillierte Ausschreibung erfolgt war, sichtbar Gestalt an. Der Erstflug der Bf 109 V1 (WerkNr. 758, D-IABI) erfolgte am 28.05.1935, nur 15 Monate nach der Auftragserteilung. Die V2 (WerkNr. 759, D-IILU) nahm am 12.12.1935 die Erprobung im Werk auf. Nach einem Vergleichsfliegen mit einer He 112 wurde die Ausführung B-1 in Serie produziert, um die bislang von der Luftwaffe geflogenen Ar 68 und He 51 abzulösen. Auch die Vorführung beim Flugmeeting in Zürich sowie der Weltrekordflug der V13 trugen letztlich zur Berühmtheit der Bf 109 bei.
Nach der Einführung der Bf 109 B-2 (Jumo 210 D) sowie der C-1 (Jumo 210 G) wurde die mit vier MG 17 bewaffnete D-1 in Serie produziert. Anschließend liefen von der Bf 109 E insgesamt neun unterschiedliche Baureihen vom Band, die alle einen DB 601 als Antrieb aufwiesen. Bei einem Teil der Varianten war eine Abwurfanlage installiert, um die einsitzigen Maschinen als Jagdbomber nutzen zu können. Aus der Bf 109 E-7 wurde die unter anderem für den Einsatz auf Flugzeugträgern vorgesehene Bf 109 T-0 bis T-2 gebaut, beziehungsweise aus bereits vorhandenen Baumustern umgebaut. Als bisherige Glanzleistung in der Entwicklung kam es anschließend zum Bau der Bf 109 F-0 bis F-8, bei denen ein DB 601 E zum Einbau gelangte. Die Motorkanone (MG 151) sowie die übrige Starrbewaffnung, die durch in Gondeln untergebrachte MG 151 ergänzt werden konnte, machte aus der Maschine ein kampfstarkes Jagdflugzeug. Um eine noch größere Leistungsüberlegenheit zu erzielen wurde der DB 601 E durch den DB 605 A und dessen Nachfolgemuster ersetzt. Hieraus entstanden die Bf

Die Bf 109 G-6 gehörte zu den am meisten als einsitzige Jagdmaschinen verwandten deutschen Maschinen.

109 G-0 bis G-14, die bald die Standardausrüstung der meisten deutschen Jagdverbände darstellten. Die Höhenjäger der Ausführung Bf 109 H kamen über den Bau einiger Musterflugzeuge nicht hinaus, wobei dem Einbau des DB 628 besondere Bedeutung beigemessen wurde.
Als letzte Ausführung des einmotorigen Jägers wurde die Bf 109 K-0 bis K-12 entwickelt. Bis auf die Bf 109 K-4, die von einem DB 605 D-Motor angetrieben wurde, kam die Mehrzahl der Ausführungen über die Entwicklung nicht hinaus. Insbesondere die Verwendung einer zusätzlichen Einspritzanlage (GM 1) führte dazu, dass die Maschine knapp 700 km/h schnell war und eine Gipfelhöhe von gut 12.000 m erreichte. Die Pläne, mit einer verbesserten Ausführung der Me 209 oder der Me 309 beim RLM erfolgreich zu sein, scheiterten an der sich abzeichnenden Einführung leistungsstarker Fw 190-Ausführungen und der Entwicklung neuartiger Strahlflugzeuge wie der He 280 und der Me 262.
Von zahlreichen Ausführungen ab der Bf 109 E wurde ein Teil der Maschinen mit einer Reihenbildanlage ausgerüstet, um als schneller Aufklärer über dem Gefechtsfeld eingesetzt zu werden. Mit untergehängten Werfergranaten kamen besonders die Bf 109 G-6 als Pulkzerstörer in der Reichsverteidigung zum Einsatz. Zahlreiche Bf 109 wurden an die Verbündeten,

Die Verwendung von 300 l fassenden Abwurftanks vergrößerte die Reichweite der Bf 109 E bis K maßgeblich.
(BA - 496 - 3477 - 7)

Baureihe	Triebwerk.	Bewaffnung – Beladung	Abwurf-Anlage	Kraftstoff	FT-Gerät	Sonstiges
Bf 109 G-1 (J Hö)	DB 605 A	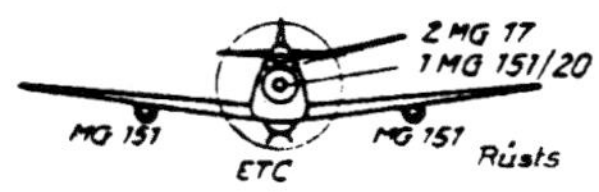	1 ETC 500/IX b	400 l i.R. + 300 l abwerfbar möglich.	FuG VIIa FuG 25a	Druckkabine
Bf 109. G-1/R2 (J Hö)	"		ohne Abwurfanlage	400 l i.R.	"	" nur Sichtscheibe gepanzert
Bf 109 G-2 (J)	"	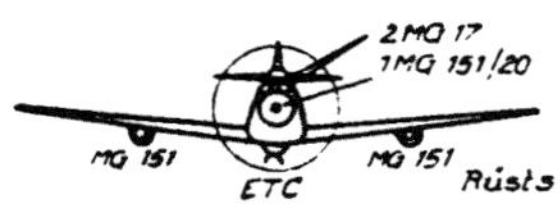	1 ETC 500/IXb	400 l i.R. + 300 l abwerfbar möglich.	"	ohne Druckkabine
Bf 1?9 G-2/U 1 (J)	"	"	"	"	"	mit Me P 6 Luftschraube (nur 6 Flugzeuge)
Bf 109 G-2/R 2 (A)	"		–	400 l i.R.	"	RB 75/30, 50/30 oder 125/7 x 9
Bf 109 G-2/R3 (A Bei)	"	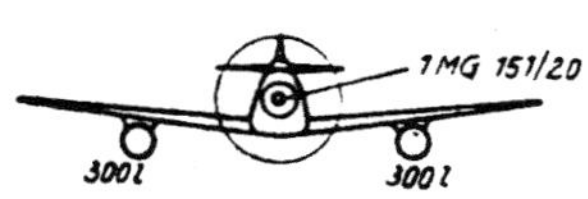	–	400 l + 2 x 300 l abwerfbar	"	RB 75/30 oder RB 50/30
Bf 109 G-3 (J Hö)	"	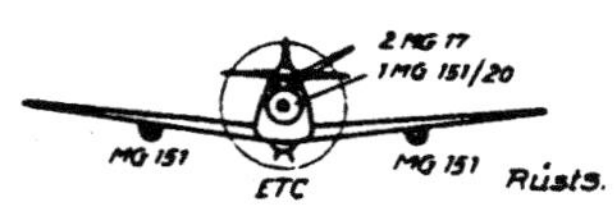	wie G-1	wie G-1	FuG 16Z FuG 25	wie G-1
Bf 109 G-3/U2 (J Hö)	"	"	wie G-1	wie G-1 + GM 1 für 20 Min.	"	wie G-1; verkürzte Me 210 Luftschraube
Bf 109 G-4 (J)	"	"	wie G-2	wie G-2	FuG 16Z FuG 25	wie G-2

Technische Daten

Baumuster	Bf 109 G-6	Höchstgeschwindigkeit	545 km/h Bodennähe
Besatzung	1	Ladegeschwindigkeit	150 km/h
Spannweite	9,95 m	Steigzeit	6 min auf 6.000 m
Länge	9,02 m	Flugmasse	3.200 kg
Höhe	3,20 m	Leermasse	2.270 kg
Spurweite	2,06 m	Reichweite	560 km in 6.000 m
Höchstgeschwindigkeit	640km/h in 6.600m	Höchstreichweite	990 km
		Gipfelhöhe	11.500 m

Bf 109 G-4/R3 (A)	DB 605 A	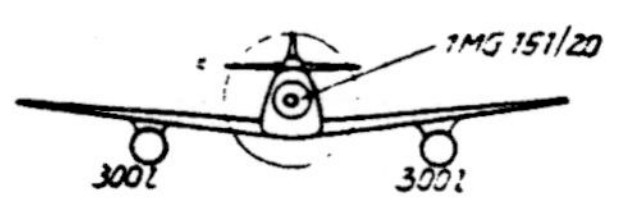	--	400 l i.R. + 2 x 300 l abwerfbar	FuG 16 Z FuG 25	RB 75/30oder RB 50/30
Bf 109 G-5 (J Hö)	"	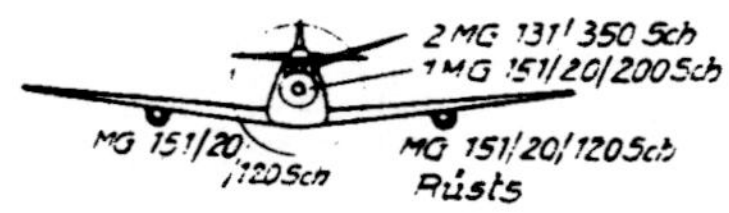		400 l i.R. + 80 bezw. 115 l GM 1 wahlweisc; 1x 300 l u. Rumpf	"	Druckkabine
Bf 109 G-5/R2 (A)	DB 605 A		--	i.R. 400 l + 80 l GM 1; 1x 300 l u. Rumpf	FuG 16 FuG 25	Druckkabine; RB 75 x 30 od. RB 50 x 30. Umrüstung auf Methanol möglich
Bf 109 G-5/U2 (J Hö)	"	wio Bf 109 G-5		400 l i.R. + 80 bzw. 115 l GM 1 wahlweise; 1x 300 l u. Rumpf	"	Druckkabine· Umrüstung auf Methanol möglich
Bf 109 G-5 AS (J Hö)	DB 605 AS	"		"	"	" Nachrüstung
Bf 109 G-5/R2 AS (A)	"	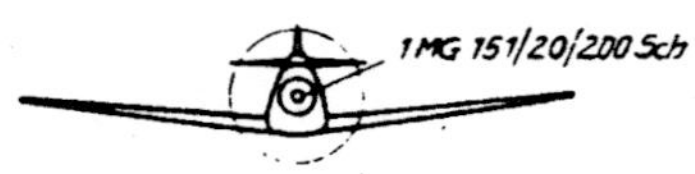	—	i.R. 400 l + 80 l GM 1; 1x 300 l u. Rumpf	"	Nachrüstung, wie G-5/R2
Bf 109 G-5/U2 AS (J Hö)	"	wie Bf 109 G-5/U2	1 ETC 500/IX b	400 l i.R. + 80 bzw. 115 l GM 1 wahlweise; 1x 300 l u.Rumpf	"	Druckkabine; wic G-5/U2 / (Nachrüstung)
Bf 109 G-6 (J)	DB 605 A	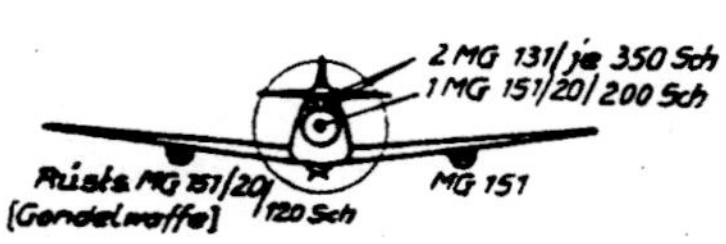	ETC 500/IXb	i.R. 400 l (300 l abwerfbar) 1x 300 l u.Rumpf	"	keine Druckkabine
Bf 109 G-6/U2 (J)	"	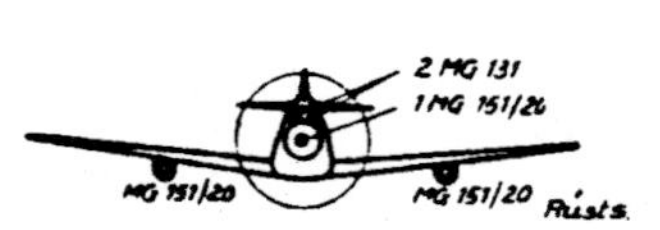		400 l i.R. + 80 bzw. 115 l GM 1 wahlweise; 1x 300 l u. Rumpf	"	Umrüstung auf Methanol möglich

insbesondere nach Italien, Rumänien, Bulgarien oder Ungarn geliefert, um die dortigen Jagdverbände taktisch und leistungsmäßig aufzuwerten.

Nach dem Zweiten Weltkrieg wurde die Bf 109 in der damaligen CSSR als Avia S 199 sowie in Spanien als HA-1109 bis 1112 in Serie gebaut.

Vor der Einführung der Bf 109 K-4 gehörten die Ausführungen Bf 109 G-6, G- 10 und G-14 zu den in Großserie produzierten Messerschmitt-Jägern.

Bf 109 G-6/U4 (J)	DB 605 A	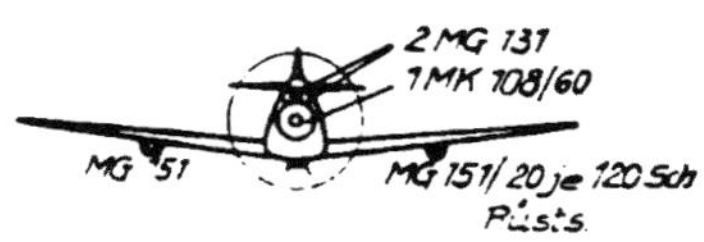	ETC 500/IXb	i.R. 400 l (300 l abwerfbar)	FuG 16 FuG 25	keine Druckkabine
Bf 109 G-6/U5 (J)	"	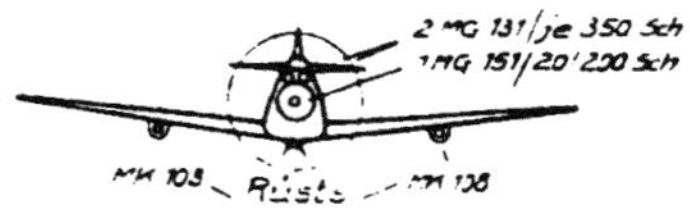	"	"	"	Umrüstung
Bf 109 G-6/U6 (J)	"	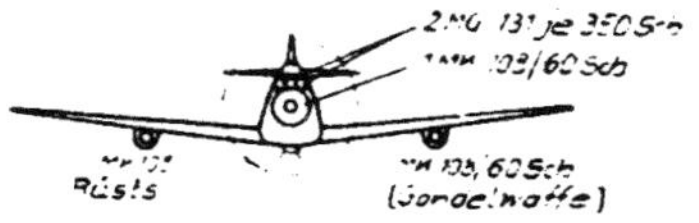	"	"	"	Umrüstung
Bf 109 G-6/R2 (A)	"	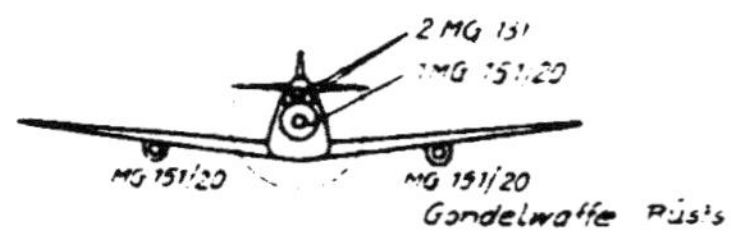	—	i.R. 400 l (300 l ab- werfbar)	FuG 16 FuG 25	RB 50/30 Heeresaufklärer Umrüstung auf Methanol mög- lich
Bf 109 G-6/AS (J)	DB 605 AS	"	ETC 500/IXb	"	"	Nachrüstung und Serie
Bf 109 G-6/U2 AS (J)	DB 605 AS	"	ETC 500/IXb	i.R. 400 l (300 l ab- werfbar)	FuG 16 FuG 25	Umrüstung
Bf 109 G-6/U4 AS (J)	DB 605 AS	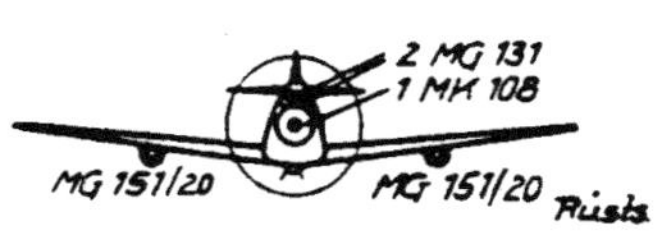	wie G-6/U4	"	"	Umrüstung
Bf 109 G-6/R4 AS (A)	DB 605 AS	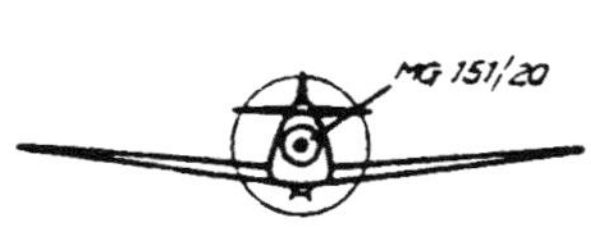	"	i.R. 400 l + 80 l GM 1	"	RB 75 x 30 RB 50 x 30 Nachrüstung
Bf 109 G-8 (A)	DB 605 A	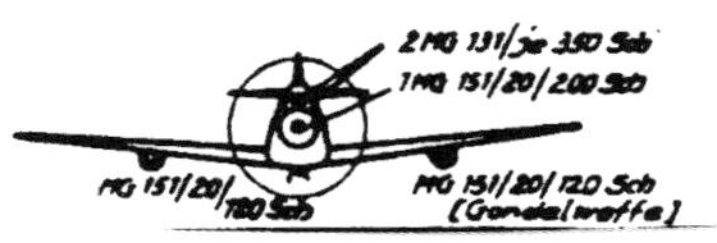	"	wie G 6	FuG 17	2 RB 12,5 / 7x9 oder 32 / 7x9 Heeresaufklärer

Neben der erst später herausgekommenen Fw 190 stellte die Bf 109 den Standardjäger der Luftwaffe dar. Nachdem sich die He 112 nicht gegen die Messerschmitt hatte durchsetzen können, begann ein beispielloser Siegeszug der legendären "109".

Obwohl die Piloten infolge der relativ geringen Spurweite oftmals Probleme bei der Landung auf wenig ausgebauten Feldflugplätzen bekamen, erfreute sich die Maschine stets großer Beliebtheit.

Bf 109 G-8/U2 (A)	DB 605 A		--	wie G-8; zusätzlich GM 1-Anlage auf Methanolumrüstg.	FuG 17	RB 12,5/7x9 RB 32/7x9 Nachrüstung. Heeresaufklärer
Bf 109 G-8/U3 (A)	"	"	--	wie G-8; Methanol-anlage auf Ladeluft-basis	"	2 RB 12,5/ 7 x 9 oder 32/ 7 x 9; Heeresaufklärer
Bf 109 G-8/R5 (A)	"	"	--	wie G-8;	FuG 16ZS	"
Bf 109 G 10 (J)	DB 605 D	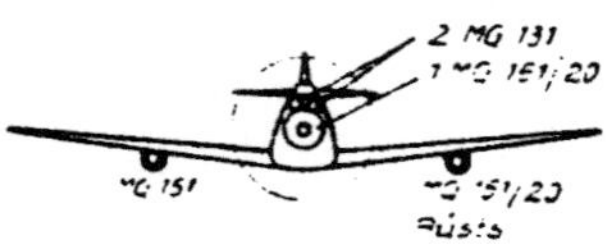	ETC 500 IXb	wie G-14	FuG 16ZY	Bastardflugzeug der Fertigung Erla
Bf 109 G-10/U4 (J)	"	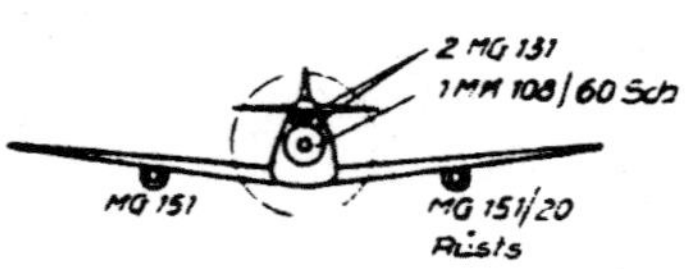	"	"	"	
Bf 109 G-10/R6 (J)	"	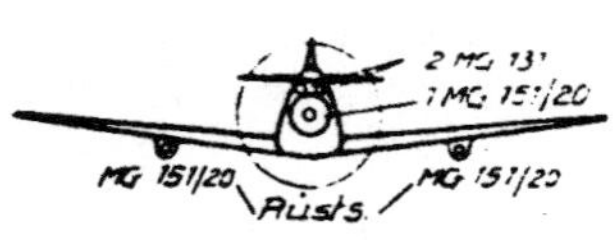	wie G-10	"	"	Jägerkurssteuerung. Ausrüstung für Schlechtwettereinsatz
Bf 109 G 12 (Schul)	"	Umgebaut aus Flugzeugen Bf 109 G-4. bzw. G-6		i.R. 235 l 300 l Außenbeh.	EiV-Anlage.	doppelsitzig
Bf 109 G 14 (J)	DB 605 A	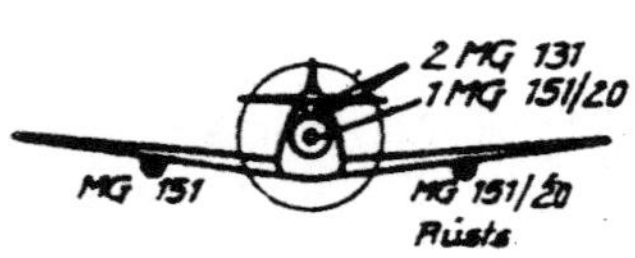	ETC 500 IXb	wie G-6; zusätzlich Methanol-anlage auf Ladeluft-basis	FuG 16 ZY	keine Druckkabine
Bf 109 G-14/U4 (J)	"	wie G-6/U4	wie G-6/U4	wie G-6/U4 zusätzlich Methanol-anlage auf Ladeluft-basis	"	wie G-6/U 4

Erich Hartmann, der erfolgreichste Jagdflieger der Welt, erzielte seine 352 Luftsiege mit der Bf 109 F und G. Anläßlich des 75. Geburtstags von Willy Messerschmitt schrieb Erich Hartmann: "Ohne Ihre Bf 109 wären meine Erfolge nicht möglich gewesen."

Vor der Einführung des Düsenjägers war die Bf 109 K-4 einer der leistungsstärksten deutschen Jäger.

Diese Bf 109 K-4 gelangte Anfang 1945 nicht mehr zu einem Einsatzverband.

Die Bf 109 G-12 diente der taktischen Schulung neuer Jagdpiloten.

Bf 109 G-14/R6 (J)	DB 605 A	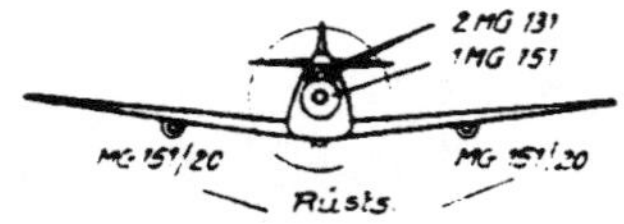	ETC 500/ IXb Im Anlauf ohne Abwurfwaffe.	wie G-14; zusätzlich Methanol auf Ladeluftbasis.	wie G-14; FuG 125 läuft ein.	Ausrüstung für Schlechtwettereinsatz, Jägerkurssteuerung.
Bf 109 G-14 AS (J)	DB 605 AS	"	"	"	wie G-14	
Bf 109 G-14/U4 AS (J)		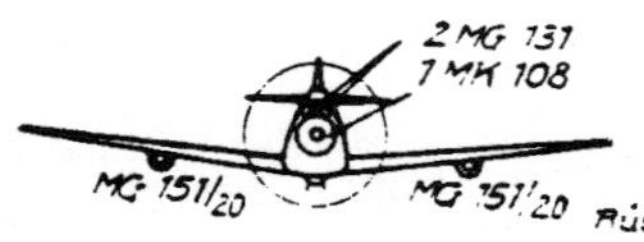	"	"	"	Serie nicht vorgesehen.
Bf 109 G-14/R6 AS (J)	"	wie G 14 AS	"	"	"	Ausrüstung für Schlechtwettereinsatz, Jägerkurssteuerung. (Serie nicht vorgesehen)
Bf 109 K-4 (J)	DB 605 D	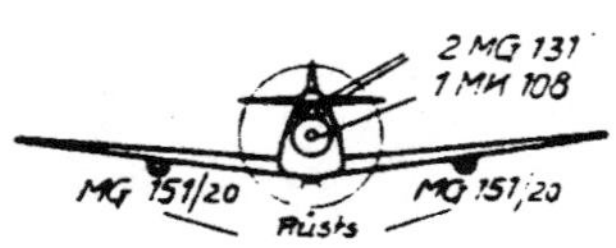	ETC 500/ IXb (503)	400 l i.R. MW 50-Anlage auf Ladeluftbasis bzw. 115 l Reichweite wahlweise 300 l	FuG 16ZY FuG 25	Einziehsporn lang, Rad 660x190 mech. Radabdeckg. Kabine mit verbesserter Sicht und verbesserter Ausrüstung
Bf 109 K-4/R2 (A)	"			400 l i.R. + 75 Meth. 300 l wahlweise	FuG 16ZS	RB 50/30 bzw. RB 75/30
Bf 109 K-4/R6 (J)	DB 605 A Auswertelösung		ETC 500/ IXb (503)	"	FuG 16ZY	Ausrüstung für Schlechtwettereinsatz, Jägerkurssteuerung; noch nicht im Programm
Bf 109 K-6 (J)	"		"	"	"	schwer bewaffneter Jäger
Bf 109 K-10 (J)	DB 605 D			"	"	noch nicht im Programm
Bf 109 K-12 (Schul)	"	Schulflugzeug	—		Ei-V-Anlage	zweisitzig
Bf 109 H-0 (J-Hö)	DB 605 D		—	400 l i.R. + GM 1	FuG 16ZY FuG 25	Druckkabine, vergr. Flügel (21,9m²) geänd. Fahrwerk. Nur 6 V-Flugzeuge mit geringer Festigkeit.

Bf 109 H-2 (J-Hö)	DB 605 E		--	400 l i.R. GM 1. 300 l Außenbeh.	"	Verbesserte Druckkabine. Änderungen auf K-4-Basis. Später Zusatzbeh i.Flügelzwischenstück, bzw. Methanolanlage u. Zusatzkraftstoff i.Flügel.
Bf 109 H-2/R2 (A-Hö)	"		--	"	"	" 1 RB 75/3C
Bf 109 H-3 (J Hö)	"		--	"	"	

Bruch einer Bf 109 K-4 des JG 77.

Am 22.04.1945 wurde diese Bf 109 G-10/R2 (Werknummer 770157) in Köthen erbeutet.

Diese Bf 109 G wurde Anfang Mai 1945 in Prag-Rusin vorgefunden.

Bf 110

Die deutsche Luftwaffenführung maß dem zweimotorigen Zerstörer anfangs große Bedeutung für einen zukünftigen Krieg bei. Es galt ein Einsatzmittel zu schaffen, das im Gegensatz zum einmotorigen Jäger über eine hohe Kampfkraft und überragende Flugleistungen verfügen würde. Der "Flugzeugzerstörer" sollte in 6.000 m Flughöhe eine Geschwindigkeit von mindestens 400 km/h erreichen. Als Starrbewaffnung waren ab 1934 mehrere 2 cm - Waffen geplant. Willy Messerschmitt legte dem Reichsluftfahrtministerium eine umfassende Denkschrift über das ausgearbeitete Projekt P 1035 vor. Nach dem "Baukastenprinzip" sollten der zweimotorige Zerstörer, die spätere Bf 110, der Höhenfernerkunder (Bf 161) und das Kampfflugzeug (Bf 162) in Serie hergestellt werden. Hierbei kam jedoch nur die Bf 110 zum Zuge. Der Erstflug der Bf 110 V1 erfolgte am 12.05.1936 in Augsburg. Während die ersten beiden Bf 110 (V1 und V2) noch von Jumo 210-Motoren angetrieben wurden, besaß die Bf 110 V3 erstmals zwei DB 601-Triebwerke.

In relativ geringen Stückzahlen kamen die Ausführungen Bf 110 A und B heraus. Aus der Bf 110 B entstand die Version C, von welcher die Baureihen C-1 bis C-7 in größeren Stückzahlen entstanden.

Bei den Einsätzen über Polen, Dänemark und Norwegen setzten sich die schwer bewaffneten Zerstörerflugzeuge gut gegen einen relativ schwachen Gegner durch. Bereits während des Frankreich-Feldzugs kamen erste Zweifel an der Überlegenheit der Bf 110 auf. Nach den verlustreichen Luftkämpfen über England endete die offensive Einsatzphase mit der Bf 110 im Westen. Über der Ostfront blieben die zweimotorigen Maschinen auch weiterhin, vor allem als Aufklärer, im Einsatz.

Die verschieden ausgerüsteten Versionen der Bf 110 D, E und F stellten im Grunde wiederum verbesserte Ausführungen der Bf 110 C dar. Die Maschinen wurden sowohl als Aufklärer als auch als Zerstörer, Schnellkämpfer und Nachtjäger bei der Luftwaffe verwandt. Gegen einen immer stärker werdenden Gegner konnten sie sich nur in wenigen Fällen durchsetzen. Aus der zunächst als reinem, offensiven Einsatzmittel geplanten Bf 110, wurde mit der Baureihe G-4 ein leistungsfähiger Nachtjäger entwickelt. Hierbei wurde die Antennenanlage teilweise verfeinert, um höhere Flugleistungen zu erzielen. Die Maschinen trugen neben der Ju 88 C und G die Hauptlast der Nachtjagdeinsätze über dem Reichsgebiet.

Ein Teil der Ende 1944 noch vorhandenen Bf 110 G-2 und G-4 kam als Schlachtflugzeug über Westeuropa zum Einsatz.

Die Ausführung Bf 110 H, welche sich durch die Verwendung des leistungsstärkeren DB 605 E von der Bf 110 G unterschied, ging angesichts der gegnerischen Überlegenheit nicht mehr in Serie.

Insgesamt wurden zwischen 1935 und 1945 etwa 5.930 Bf 110, darunter 2.250 Bf 110 G-Nachtjäger und knapp 500 Aufklärer hergestellt.

Diese Bf 110 G-4 war versuchsweise mit zwei MG 151/20 im Bug sowie einer 3,7 cm-Bordkanone ausgerüstet.

Baureihe	Triebwerk	Bewaffnung – Beladung	Abwurf-Anlage	Kraftstoff	FT-Gerät	Sonstiges
Bf 110 G-0 (Z/K)	2 DB 605 B	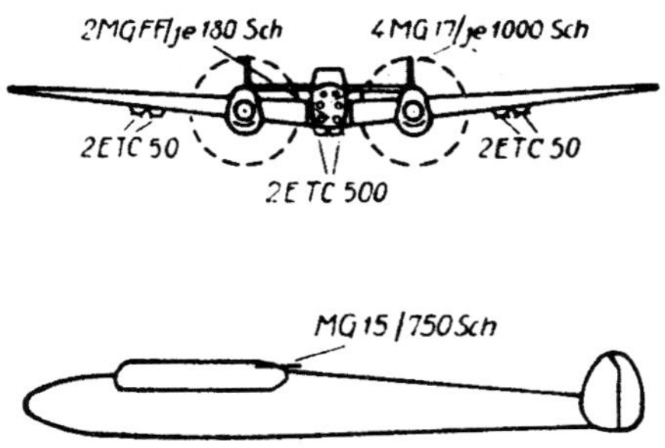	2 ETC 500 als Rüstsatz 2x2 ETC 50 unter den Flügeln	1270 l in 4 Flügelbehältern, 2 x 300 l abwerfbar. Ges. Inh. 1870 l	FuG 10 Peil GV FuBl 2F	Serie ausgelaufen
Bf 110 G-2 (Z/K)	″	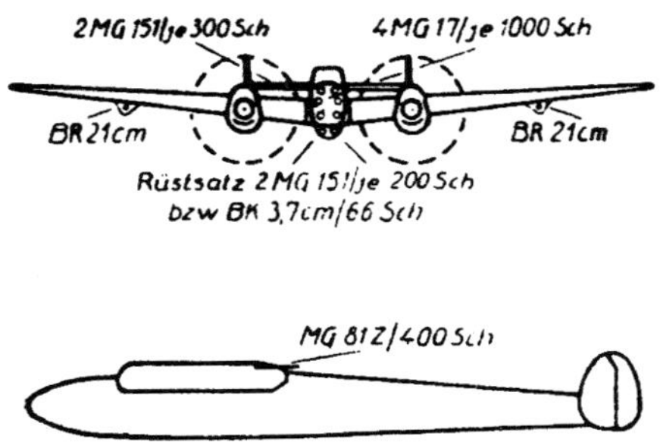	″ oder WB 81A statt einer Bombe	″	FuG 10 P APZ 6 FuG 25	Serie ausgelaufen
Bf 110 G-2/R1 (Z)	″	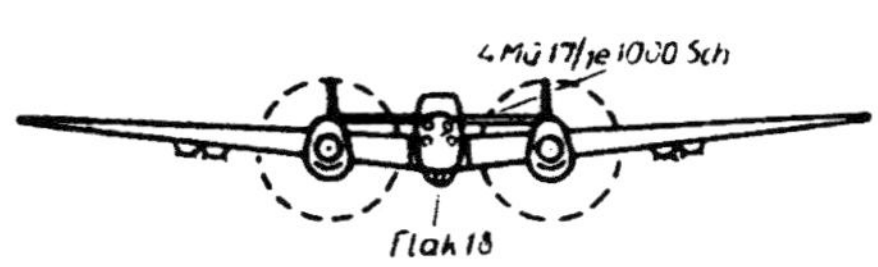	2x2 ETC 50 unter den Flügeln	″	″	″
Bf 110 G-2/R2 (Z)	″	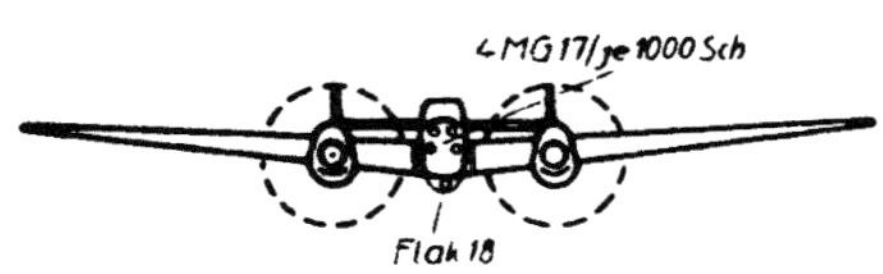	-	″ zusätzlich 440 kg GM 1 für 45 min.	″	″ keine Panzerung im B-Stand,
Bf 110 G-2/R3 (Z)	″	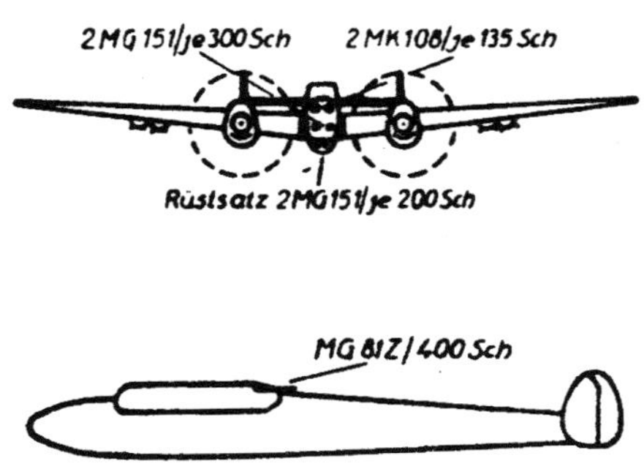	2x2 ETC 50 unter den Flügeln	1270 l in 4 Flügelbehältern, 2 x 300 l abwerfbar ohne GM 1. Ges. Inh. 1870 l	FuG 10 P APZ 6 FuG 25	Serie ausgelaufen

Die zunächst einsitzig ausgelegte Bf 110 besaß noch eine gewisse Ähnlichkeit zur Bf 109, jedoch zwei in die Flächen integrierte Reihenmotoren als Antrieb. Zunächst als schweres Jagdflugzeug konzipiert, zeigte sich, dass die Maschinen den vom Gegner eingesetzten modernen, einsitzigen Jagdflugzeugen deutlich unterlegen waren. Aus diesem Grunde bot sich die Verwendung als Kampfzerstörer, der mit seinen Abwurfwaffen in Bodenkämpfe eingreifen sollte. Neben der Verwendung als Aufklärer kam im Laufe des Krieges immer mehr die Verwendung als Nachtjäger zum

Tragen, zumal im Laufe der Entwicklung die Ausführung Bf 110 G-4 zu einem recht vielseitigen Einsatzmuster geworden war.

Bf 110 G-2/R5 (Z)	2 DB 605 B	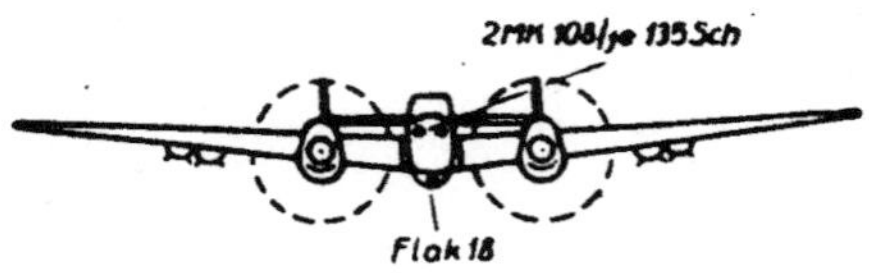 	2x2 ETC 50 unter den Flügeln	1270 l in 4 Flügel-behältern, 2 x 300 l abwerfbar Ges.Inh. 1870 l 440 kg GM 1 für 45 min.	FuG 10 P APZ 6 FuG 25	
Bf 110 G-3 (A)	"	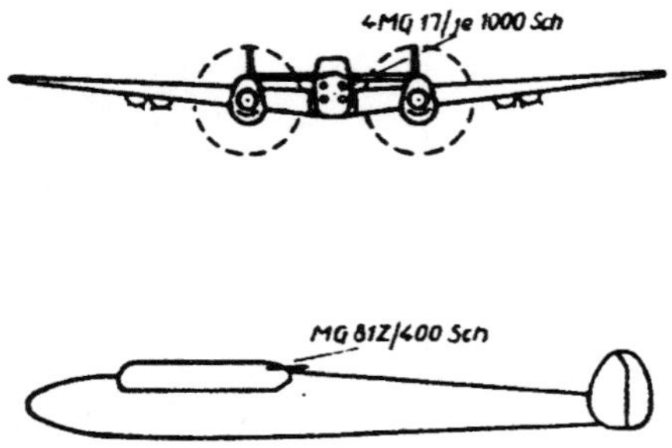 	"	1270 l in 4 Rumpf-behältern + 2x300 l abwerfbar Ges.Inh. 1870 l	" zusätzl. FuG XVII	Bildgeräte: 1 RB 50/30 oder 1 RB 75/30 im B-Stand. Serie ausgelaufen.
Bf 110 G-3/R3 (A)	"	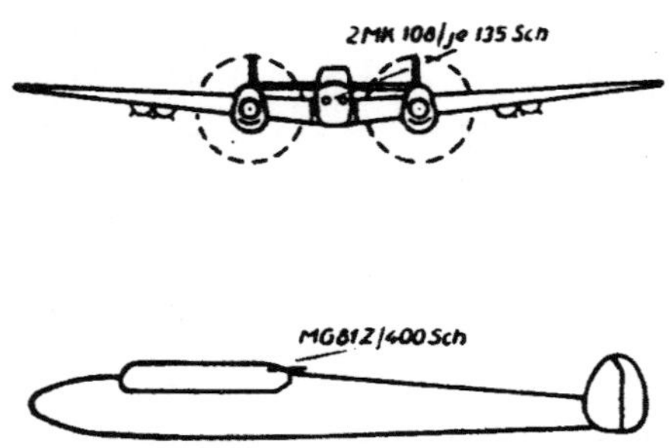 	"	"	"	"
Bf 110 G-4 (N)	"	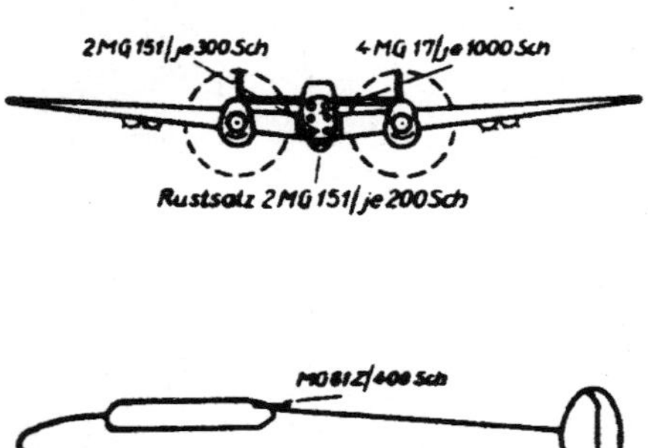 	2x2 ETC 50 als Rüst-satz	1270 l in 4 Rumpf-behältern + 2x300 l abwerfbar Ges.Inh. 1870 l	FuBl 2F FuG 202 APZA VI FuG 16ZE FuG 10 P FuG 25	verbesserte Panzerung. Serie ausgelaufen.
Bf 110 G-4/U7 (N)	"	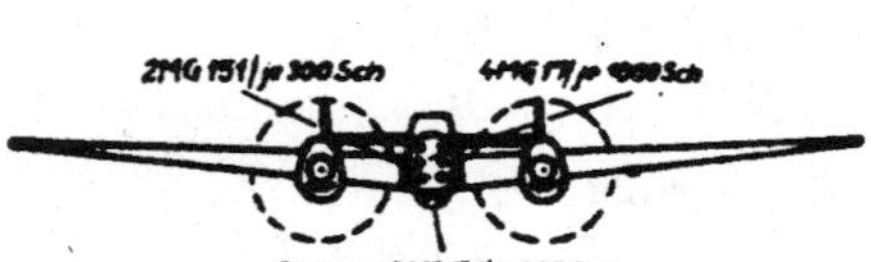 	wie G-4 ohne ZZG	wie G-4 mit GM 1 Zusatzbe-hälter im Rumpf 440 kg für 45 min.	"	

Bf 110 G-4/U8 (N)	2 DB 605 B	Bewaffung wie G-4/U7	wie G-4 Rüstsatz entfällt	wie G-4 mit 540 l Zusatzbehalter im B-Stand.	FuBl 2F FuG 202 APZA VI FuG 16ZE FuG 10 P FuG 25	
Bf 110 G-4/R3 (N)	"	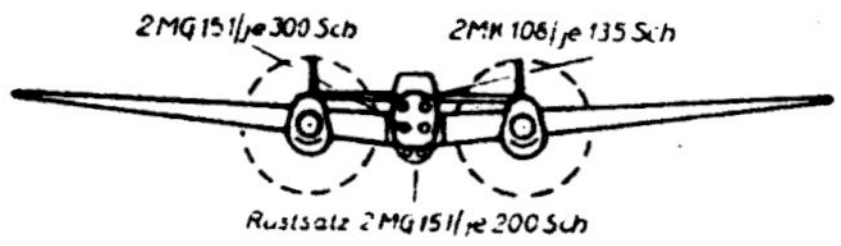 	2x2 ETC 50 als Rüstsatz	1270 l in 4 Rumpfbehältern + 2x300 l abwerfbar. Ges.Inh. 1870 l ohne GM 1 Anlage	"	
Bf 110 G-4/R6 (N)	"	"	"	wie G-4/U7 mit GM 1 Anlage	"	
Bf 110 G-4/R7 (N)	"	"	wie G-4/U8	wie G-4/U8	"	wie G-4 mit Zusatzreichweite im Rumpf.
Bf 110 G-4/R9 (N)	"	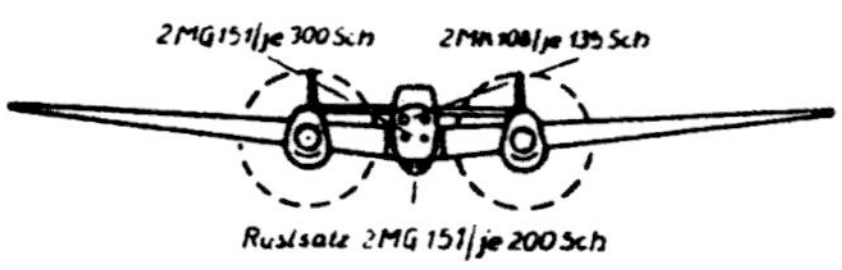 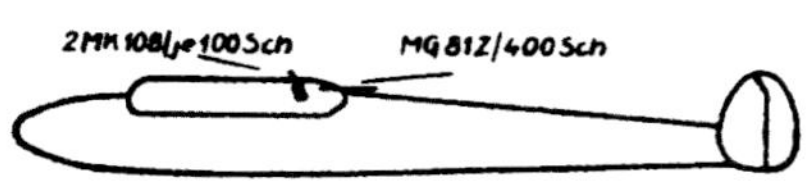 	wie G-4/R3	wie G-4/R3	FuG 16ZE FuBl 2F APZA VI FuG 220	wie G-4
Me 110 H-6 (N)	2 DB 605 E	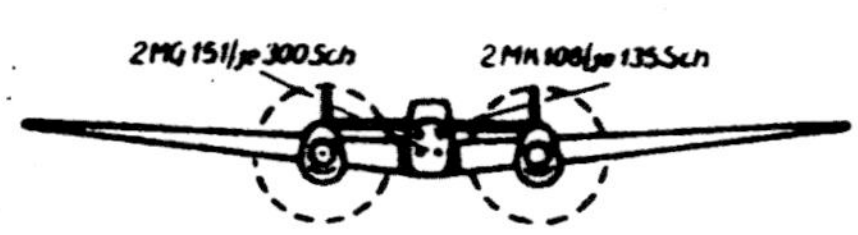 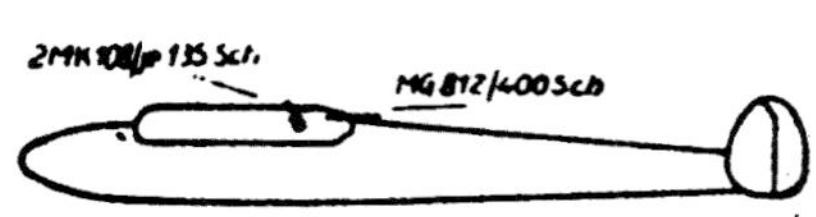 	wie G-4/R8	wie G-4	FuG 10 P FuG 25 FuG 16ZY FuBl 2F Peil GVI FuG 220	wie H-2, zusätzlich seitlich Panzerscheiben im Kabinenvorderteil und Panzerschürze auf der Rumpfspitze. Fla-V-Anlage.

Drei Bf 110 G-4 während eines Fluges, der der Überprüfung der FT- Anlage diente.

In München - Riem wurde diese Bf 110 G-4 im Sommer 1944 gewartet.

Technische Daten

Baumuster	Bf 110 G-4
Besatzung	2 (4)
Spannweite	16,30 m
Länge	13,00 m
Höhe	4,20 m
Spurweite	4,58 m
Höchstgeschwindigkeit	500 km/h in Bodennähe
Höchstgeschwindigkeit	570 km/h in 7.000 m
Steigzeit	9,1 min auf 6.000 m
Maximale Flugmasse	9.400 kg
Normale Flugmasse	7.917 kg
Leermasse	6.088kg
Reichweite	2.100 km mit Zusatztanks
Gipfelhöhe	8.000 m

Zum NJG 2 gehörte diese von Feldwebel Kustusch geflogene Bf 110 G-4.

Als rückwärtige Defensivbewaffnung besaß die Bf 110 G-4 ein MG 81Z.

Me 163

Ende 1935 erging seitens des RLM ein Forschungsauftrag für den Bau von zwei Musterflugzeugen in schwanzloser Bauweise, die DFS 194 V1 und V2. Da für das Verbindungsflugzeug Bf 163 bereits die Versuchsmusternummern V1 bis V3 belegt waren, begann die Entwicklung des Raketenflugzeugs Me 163 mit der Bezeichnung AV4. Die antriebslose Me 163 AV4 (KE+SW) wurde am 13.02.1941 von Heini Dietmar in Augsburg eingeflogen. Am 2.10.1941 wurde erstmals die Geschwindigkeitsmarke 1000 km/h erreicht. Nach der Me 163 V4 bis V13, von denen nur ein Teil mit einem "kalten Triebwerk" ausgerüstet wurde, folgte die zweite Baureihe, die Me 163 B. Das erste Musterflugzeug, die BV1 (WerkNr. 163 100 10, VD+EK) wurde noch ohne "heißes Triebwerk" erstmals am 26.06.1942 von Heini Dietmar im Flug erprobt. Nach insgesamt 79 Musterflugzeugen, von denen die Mehrzahl zur Nullserie B-0 gehörte, wurde die Me 163 B-1/R1 produziert. Diese besaß das Rumpfvorderteil der Baureihe B-0, aber noch die alten Seitenflossen und Ruder der B-0. Die Flächen waren bereits baugleich mit denen der späteren Me 163 B-1. Bei der Triebwerksanlage sollte es sich um eine HWK 109-509 B-1 mit Marschofen handeln. Aber noch Anfang Januar 1945 stellte die Me 163 V6 die einzige Maschine mit einer solchen Anlage dar. Die Erprobung mit diesem Antrieb konnte jedoch nur im Werk, nicht aber bei der Truppe abgeschlossen werden. Von dem Abfangjäger Me 163 B-1 verließen insgesamt 390 Maschinen die Serienfertigung. Die Me 163 B-1 unterschied sich von der B-0 und der B-1/R1 vor allem durch die Triebwerksanlage, wobei auf einen Marschofen verzichtet worden war. Die leistungsfähigere Me 163 C-1 konnte nur als Musterstück hergestellt werden. Gleiches gilt für die Me 163 D, von der ein Prototyp, die frühere Me 163 BV18, erstmals ein vollständig einziehbares Fahrwerk erhielt und so das Bindeglied zur Me 263 darstellte.

Außer den einsitzigen Versionen wurde noch das zweisitzige Schulflugzeug Me 163 S entwickelt. Von den 42 geplanten Maschinen gelang es aber nur, einige wenige zu produzieren und beispielsweise beim Ergänzungsjagdgeschwader 2 einzusetzen. Die meisten Me 163 wurden beim Erprobungskommando (EK) 16 sowie beim einzigen Raketenjäger-Verband, dem JG 400, eingesetzt. Die Maschinen sollten den Objektschutz wichtiger Industrieanlagen, vor allem den der in Mitteldeutschland gelegenen Raffinerien, übernehmen. Ab Ende 1944 waren zwei Gruppen des JG 400 mit der Me 163 ausgerüstet worden.

Bald nach der Auflösung des EK 16 am 18.02.1945, begann auch der schrittweise Niedergang des Jagdgeschwaders JG 400.

Als erste Me 163 (V4) flog die KE+SW zunächst als Segelflugzeug ohne Antrieb.

Infolge des Kufenfahrwerks war der scharfe Einsatz alles andere als einfach zu bewerkstelligen. Noch dazu führte die explosive Treibstoffmischung zu einer Vielzahl von Verlusten während des täglichen Flugbetriebs; aus taktischen Gründen wurde die geringe Flugzeit von der Luftwaffe bemängelt. Aus diesem Grund entstand aus der Me 163 B die C-Version mit größeren Tanks und hieraus die Me 163 D mit Einziehfahrwerk, die wiederum das Bindeglied zur Me 263 (Ju 248) darstellte.

Technische Daten

Baumuster	Me 163 B-0
Besatzung	1
Spannweite	9,30 m
Länge	5,69 m
Höhe	2,80 m
Spurweite	1,00 m
Höchstgeschwindigkeit	830 km/h in Bodennähe 960 km/h in 3.000 m
Ladegeschwindigkeit	160 - 220 km/h
Steigzeit	2.27 min auf 6.000 m 3.45 min auf 12.000 m
Flugmasse	3.950 kg
Leermasse	1.900 kg
Reichweite	80 km
Gipfelhöhe	12.500 m

Baureihe	Triebwerk	Bewaffnung – Beladung	Abwurf-Anlage	Kraftstoff	FT-Gerät	Sonstiges
Me 163 B (J/Steig)	HWK	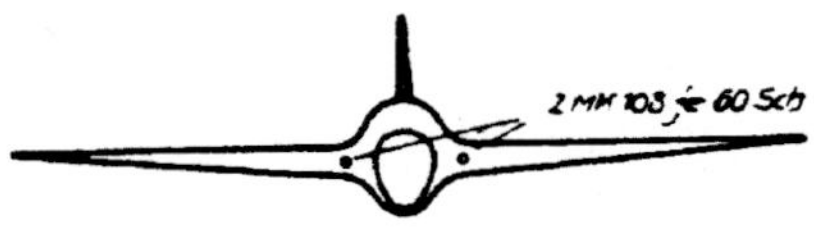 2 MK 108 je 60 Sch		1558 kg T-Stoff 460 kg C-Stoff	FuG 16 ZY FuG 25a	abzuwerfendes Rollwerk Kufenlandung
Me 163 C (J/Steig)	HWK	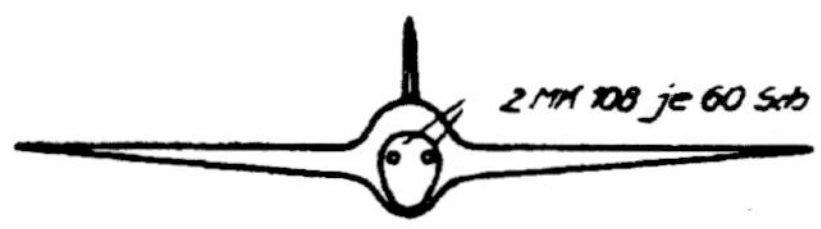 2 MK 108 je 60 Sch		1930 kg T-Stoff 700 kg C-Stoff	FuG 16 ZY FuG 25a	Druckkabine abzuwerfendes Rollwerk ; Kufenlandungen nicht gebaut, wird ersetzt durch 8-248.

Die Masse der als Objektschutzjäger bei der Luftwaffe eingesetzten Me 163 gehörte zur Baureihe B-2.

Die Me 163 C stellte eine verbesserte B-Ausführung mit Einziehfahrwerk und größerer Reichweite dar.

Über den Bau von Musterflugzeugen kam die Me 263 nicht hinaus.

Die Me 163 war zumeist mit zwei MK 108-Waffen armiert, die in den Flächenwurzel eingebaut waren.

Me 210

Ab Ende 1937 wurde bei Messerschmitt an dem Projekt P 60 (später P 1060) gearbeitet. Es sollte sich dabei um ein sturzkampffähiges Zerstörerflugzeug mit zwei Mann Besatzung handeln. Im Grunde galt es, ein verbessertes Kampfflugzeug auf der Basis der im Entstehen begriffenen Bf 110 zu entwickeln.
Das erste Musterflugzeug, die Me 210 V1 (D-AABF) wurde am 5.09.1939, die V2 (D-ABEO) am 10.10.1939 eingeflogen. Im Laufe der Erprobung wurden die als Landehilfe wenig effizienten Spreizklappen durch Spaltklappen ersetzt. Der Ölkühler war bei der V1 versuchsweise ringförmig um die Propeller angeordnet. Schon zu Anfang der Flugerprobung fiel eine mangelhafte Stabilität der neuen Maschinen auf. Die Me 210 V3 diente zeitweise der Waffenerprobung in Tarnewitz. Ab der Me 210 V5 diente die Mehrzahl der Versuchsmuster der Erprobung der Ausrüstung. Die ersten zwölf Versuchsmuster wurden zwischen Juli 1940 und Juni 1941 fertiggestellt und konnten die Erprobung aufnehmen. Nach der Me 210 A-0 (Nullserie) kam die als Zerstörer und Stuka geplante erste Großserie, die A-1, heraus. Anfang 1941 sollten die ersten dieser Flugzeuge an ein eigens aufgestelltes Erprobungskommando ausgeliefert werden, wozu es jedoch wegen einiger Brüche nicht kam. Erst im Juli 1941 folgte die Auslieferung der ersten serienmäßig ausgerüsteten Maschinen an die Luftwaffe. Nach weiteren Brüchen wurde die Auslieferung der Großserie der Me 210 A-1 vorzeitig abgebrochen. Im März 1942 stellte Reichsmarschall Göring die Fertigung des Baumusters ein, da die allgemeine Flugsicherheit nicht gegeben war. Bis dahin waren erst 77 Versuchs- und Serienflugzeuge ausgeliefert worden.
Um den Auftrag zu retten, wurde für die Me 210 ein um 0,80 m längerer Rumpf entwickelt und die bereits produzierten sowie die in Arbeit befindlichen Maschinen in Sonderschichten damit ausgestattet. Als Motoren kamen zwei DB 601 F zum Einbau. Die Maschinen trugen zum Teil die Bezeichnung Me 210 A-1 (lang). Nach der Nachbesserung konnte das Pendeln um die Hochachse beseitigt werden, auch die Sturzfluganlage gelang es wesentlich zu verbessern. Gleiches gilt für Panzerung der Zelle und dem zwischenzeitlich eingebauten Überrollschutz für die zweisitzige Kabine.
Die Weiterentwicklung als Me 210 B bis E wurde in Deutschland nicht beendet. In Deutschland und Ungarn wurden insgesamt 352 von gut 1000 geplanten Me 210 (lang) und Me 210 (kurz) in Augsburg und Regensburg produziert, ehe die Serienfertigung als Me 410 fortgeführt wurde.

Die Bf 210 zeigte zu schwache Leistungen, um die Bf 110 erfolgreich ablösen zu können.

Das Scheitern der mit viel Vorschusslorbeeren versehenen Me 210 führte im Verhältnis zwischen dem neuen Luftzeugmeister, GFM Erhard Milch, und den Messerschmitt-Werken zu einer ernsten Krise. Verfehlte Hoffnungen, einen zweisitzigen, überaus leistungsstarken Langestreckenzerstörer zur Begleitung schwerer Bomber zu erhalten und die langwierige Beseitigung technischer Mängel, führte dazu, das bis zum Kriegsende an der Bf 110 festgehalten wurde. Alle Versuche, aus der Me 210 doch noch ein verläßliches Schnellkampfflugzeug zu entwickeln, waren vergebens.

Zur II. Gruppe des Zerstörergeschwaders (ZG) 76 gehörte diese auf dem Schießstand stehende Bf 210.

Technische Daten	
Baumuster	Me (Bf) 210 A-1
Besatzung	2
Spannweite	16,40 m
Länge	12,13 m
Höhe	4,20 m
Spurweite	5,20 m
Höchstgeschwindigkeit	463 km/h in Bodennähe
	573 km/h in 5.500 m
Ladegeschwindigkeit	190 km/h
Steigzeit	13 min auf 6.000 m
Flugmasse	9.690 kg
Leermasse	7.270 kg
Reichweite	2.400 km
Gipfelhöhe	7.000 m

Baureihe	Triebwerk	Bewaffnung – Beladung	Abwurf-Anlage	Kraftstoff	FT-Gerät	Sonstiges
Me 210 A-1 (SK)	DB 601 F	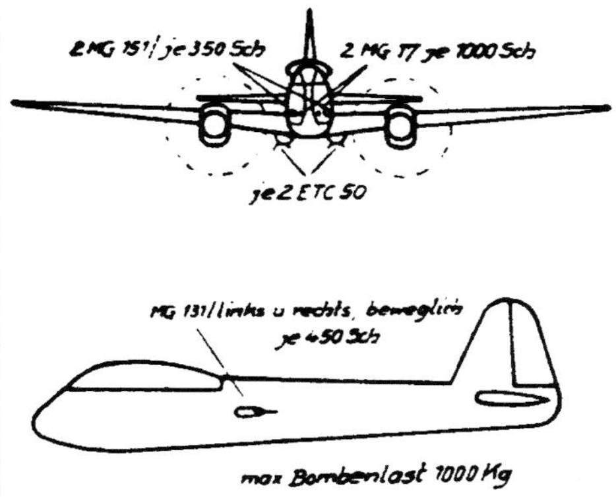	1 Schloß 1000 XIII oder 2 Schloß 500/XII 2 Schloß 500/XIIC im Rumpf; 4 ETC 50/XIIId unter d.Fl.	2 x 410 l 2 x 630 l Flächenbehälter 2 x 170 l Flächenaußenteile Ges. Inh. 2420 l	FuG 10 Peil G5 FuG 16 FuG 25a	
Me 210 C/A-1 (SK)	DB 605	"	"	"	"	

Sowohl die Bf 210 als auch die Me 410 waren mit zwei fernbedienten FDS- Lafetten bestückt.

Wartung einer Bf 210 der II. Gruppe des Zerstörergeschwaders ZG 76.

Me 262

Als Messerschmitt P 65 entstand ab 1938 ein zweistrahliger "Verfolgungsjäger". Die Projektbearbeitung wurde 1939 als P 1065 fortgeführt, woraus, nachdem das RLM seine "Vorläufigen technischen Richtlinien für Schnelle Jagdflugzeuge mit Strahlantrieb" herausgegeben hatte, mit der Auftragserteilung am 1.03.1940 die Me 262 wurde. Nachdem die zunächst geplanten BMW 003-Turbinen nicht die notwendige Betriebssicherheit und Schubleistung erbracht hatten, zielte die weitere Entwicklung auf die T1 (Jumo 004)-Aggregate. Erst im Juli 1940 begann die Endmontage der Me 262 V1 (PC+UA), die zwar noch keine Turbinen, jedoch einen Jumo 210 G-Reihenmotor als Antrieb erhielt. Der Erstflug fand am 18.04.1941 in Augsburg statt. Am 25.03.1942 folgte der erste Flug mit zwei untergebauten Turbinen und dem Jumo-Motor, da das Vertrauen in die BMW-Triebwerke begrenzt war. Als Alternative sollte die Me 262 V2 mit bis zu acht Pulso-Strahlrohren versehen werden. Auch die Verwendung von zwei Walter-Raketentriebwerken wurde damals erwogen. Die ersten Jumo T1-Triebwerke wurden in die Me 262 V3 (PC+UC) eingebaut und ab dem 17.07.1942 in Leipheim erprobt, wo eine Betonbahn zur Verfügung stand. Am 1.10.1942 unternahm die Me 262 V2 (PC+UB) in Lechfeld ihren Erstflug. Als erste mit einem Bugrad ausgerüstete Me 262 nahm die V5 ab dem 6.06.1943 die Erprobung auf. Bis zum 20.12.1943 waren sieben Versuchsmuster der Me 262 geflogen.

Dennoch war der Weg zur Serienfertigung noch weit. Ständig wechselnde Vorgaben des RLMs und immer neue Produktions- und Änderungswünsche, aber auch tiefgreifende Probleme mit der neuen Technik sorgten dafür, dass bis März 1943 eine an den neuesten Stand angepasste Baubeschreibung erstellt werden musste. Gleichzeitig bot Messerschmitt die Maschine damals auch als leistungsstarken Jagdbomber an.

Erst am 25.05.1943 wurde seitens des RLM der notwendige Raum innerhalb des Produktionsprogramms eingeräumt. Am 28.05.1943 wurde der Bauzustand der ersten 100 Nullserienmaschinen - ausschließlich als Jagdflugzeuge - festgelegt. Nachdem das Werk die Me 262 lange genug als Jagdbomber angeboten hatte, kam dieser Verwendungszweck auch Adolf Hitler anläßlich einer Besichtigung der Me 262 in Erinnerung. So entstand zudem ein schneller Jagdbomber, die Me 262 A-2. Die Erprobung der Me 262 wurde ab Ende 1943 intensiviert, nachdem die Triebwerksprobleme andauerten und auch die Fahrwerksanlage Grund zur Klage gegeben hatte. Zusätzlich wurde die Me 262 B als zweisitziges Schulflugzeug und Nachtjäger, die Me 262 C als raketengetriebener Heimatschützer in verschiedenartigen Ausführungen, aber auch als Aufklärer, Panzerflugzeuge und Pulkzerstörer

Zunächst wurde die Me 262 bei mehreren Versuchsstaffeln für den Einsatz als Jäger erprobt.

fortentwickelt.

Ab Anfang 1944 wurden die Anstrengungen, die Me 262 in großen Stückzahlen zu produzieren, intensiviert. Der Bau mehrerer neuer oder-/und unterirdischer Fertigungsstätten wurde in Angriff genommen und mit einer völligen Dislozierung der gesamten Teileproduktion ab Sommer 1944 begonnen. Bis zum Kriegsende wurden etwa 1400 Me 262 aller Ausführungen produziert, von denen jedoch nur ein Teil auch bei den Frontverbänden eintraf.

Der Einsatz der Me 262 erfolgte vor allem beim Jagdgeschwader JG 7, beim Kampfgeschwader (Jagd) 54 und bei dem Jagdverband (JV) 44. Zudem wurden die Maschinen bei etlichen Erprobungskommandos, einigen weiteren KG(J) und Aufklärungseinheiten mit zum Teil großem Erfolg eingesetzt.

Die Me 262 A-2a diente als schneller strahlgetriebener Jagdbomber über dem westeuropäischen Kriegsschauplatz.

Technische Daten

Baumuster	Me 262 A-1a
Besatzung	1
Spannweite	12,50 m
Länge	10,06 m
Höhe	3,83 m
Höchstgeschwindigkeit	835 km/h in Bodennähe 875 km/h in 6.000 m
Ladegeschwindigkeit	175 km/h
Steigleistung	20 m/s
Flugmasse	6.775 kg
Leermasse	3.800 kg
Reichweite	1.025 km
Gipfelhöhe	11.500 m

Baureihe	Triebwerk	Bewaffnung – Beladung	Abwurf-Anlage	Kraftstoff	FT-Gerät	Sonstiges
Me 262 A-1 4 (J)	Jumo 004 B-1 oder B-3		ETC 503 (504)	i.R. 900 l i.R. 170 l i.R. 900 l Zusatzbehalter 600 l Ges.Inh. 2570 l	FuG 16ZY mit ZVG FuG 25a	2 Raketen mit 500 kg Schub als Starthilfe. Nach dem Start abwerfbar. (Später 1000 kg). Kabine später austauschbar durch Druckkabine. Jägerkurssteuerung Z 22
Me 262 A-1 3 (J)	BMW 003 A-1	"	"	"	"	"
Me 262 A-1 4/U1 (J)	Jumo 004 B-1 oder B-3	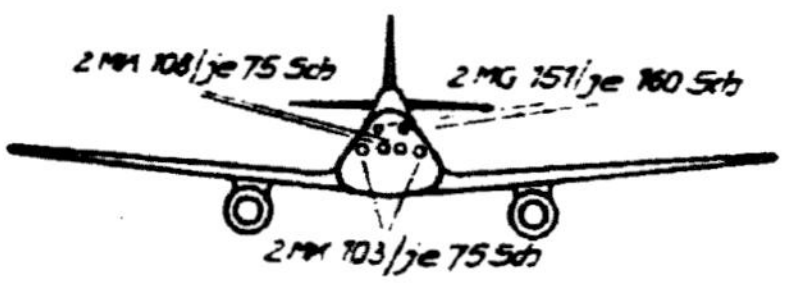	"	"	"	"
Me 262 A-1 3/U1 (J)	BMW 003 A-1	"	"	"	"	"
Me 262 A-2 4 (BB)	Jumo 004 B-1 oder B-3		"	" Zusatzbeh. nur 400 l Ges.Inh. 2370 l	"	" Blitzbomber
Me 262 A-2 3 (BB)	BMW 003 A 1	"	"	"	"	"
Me 262 A-2 4/U1 (BB)	Jumo 004 B 1 oder B 3	wie Me 262 A-1. 4	"	"	"	" TSA 2 D-Anlage
Me 262 A-2 3/U1 (BB)	BMW 003 A 1	"	"	"	"	"
Me 262 A-3 4 (X)	Jumo 004 B 1 oder B 3		"	"	" Ei-7-Anlage	Rumpfspitze in Holz mit 2.Mann als liegenden Bombenschützen, Jägerkurssteuerung. (Schnellstbomber) Nur 5 Kanzeln.
Me 262 A-3 3 (X)	BMW 003 A 1	"	"	"	"	"

Ab 1944 wurde der Me 262, nach bislang sechsjähriger Entwicklungszeit, endlich der ihr gebührende Stellenwert beigemessen. Besonders in den Händen von gut ausgebildeten Jagdfliegern, wie beispielsweise bei der III./JG 7 oder dem JV 44, wurde aus dem Turbinenjäger eine überlegene Waffe, der seitens alliierter Piloten meist nur bei Start und Landung oder nach Triebwerksausfällen beigekommen werden konnte, sofern eine zahlenmäßige Überlegenheit des Gegners vorhanden war. Die geplanten NJ-Einsatzmaschinen mit bis zu drei Mann Besatzung wiesen darüber hinaus ein imposantes Entwicklungspotential durch die ab 1943 laufende Hochge-

Me 262 A-4 4 (A)	Jumo 004 B1 oder B 3	wie Me 262 A-1 4, jedoch ohne Waffen	—	wie A-1 4	wie A-14	Behelfsaufklärer RB 2 x 50/30 (einsitzig)
Me 262 A-4 3 (A)	BMW 003 A1	" " " A-1 4, " " "	—	"	"	"
Me 262 A-5 4 (N)	Jumo 004 B1 oder B 3	wie Me 262 A-1 4	—	"	FuG 16ZY mit ZVG FuG 25a FuG 353 FuG 120	Behelfs-Nachtjäger
Me 262 A-5 3 (N)	BMW 003 A1		-	"	"	"
Me 262 B-1 4 (Schul)	Jumo 004 B1 oder B 3	"	ETC 503 (504)	i.R. 900 l i.R. 170 l i.R. 400 l i.R. 260 l Ges.Inh. 1730 l	FuG 16ZY FuG 25a Ei-V-Anlage	geänderter Rumpf für 2 Personen, Doppelsteuerung
Me 262 B-1 3 (Schul)	BMW 003 A1	wie Me 262 A-1 4	"	"	"	"
Me 262 B-2 4 (N)	Jumo 004 B1 oder B 3	Bewaffnung wie Me 262 A-1 4 bezw. A-1 4/U1 <u>Rüstsätze:</u> a) Deichselschlepp mit 900 l Kraftstoffbehälter; b) 2 x 300 l abwerfbare Außenzusatzbehälter unter dem Rumpf.	—		FuG 353 (FuG 218 mit Morgenstern- od. Geweihantenne) FuG 101 FuG 120 FuG 125 FuG 25a FuG 16ZY Ei-V.	zweisitzig ohne Doppelsteuerung.
Me 262 B-2 3 (N)	BMW 003 A1	"	—	"	"	"
Me 262 B-3 4 (N)	Jumo 004 B1 oder B 3	wie Me 262 A-1 4	—	i.R. 900 l i.R. 170 l i.R. 300 l i.R. 300 l i.R. 900 l i.R. 600 l Ges.Inh. 3170 l	wie B2 4	zweisitzig, mit Rumpfzwischenstück und größerem Rad.
Me 262 B-3 3 (N)	BMW 003 A1	"	—	"	"	"
Me 262 C-1 (J)	Jumo 004 B1 oder B 3 Walter Trieb im Rumpf eingesetzt	wie Me 262 A-1 4	ETC 503 (504)	i.R. 900 l i.R. 170 l i.R. 900 l i.R. 600 l Außenbeh. 300 l abwerfbar Ges.Inh. 2870 l	wie A-14	(Heimatschützer I) einsitzig, Druckkabine; umgeb. Leitwerksträger für Walter Trieb; Fahrwerk wie A-1 4, jedoch mit 2 abwerfbaren Zusatzrädern 660 x 190.
Me 262 C-2 (J)	BMW 003 R	wie C-1, jedoch mit je einem zusatzlich auf dem Triebwerk aufgebauten R-Trieb. Walter Trieb im Rumpfende entfällt.				(Heimatschützer I)

schwindigkeitsentwicklung (HG) auf. Man rechnete fest mit Geschwindigkeiten von durchschnittlich 1050 km/h am Boden und 1100 km/h in 6.000 m Einsatzhöhe. Hierdurch wäre die Luftüberlegenheit der Maschinen nochmals stark gestiegen.

Die Me 262-Strahlaufklärer sollten ab Anfang 1945 die Bf 109-Aufklärer ablösen.

Nur als Musterflugzeuge wurden die Objektschutzjäger Me 262 C-1 bis C-3 erstellt.

Diese Me 262 B-1a/U3 wurde als Nachtjäger eingesetzt und nach dem Krieg, im Sommer 1945, in Wright Field (USA) erprobt.

Me 410

Die erste Me 410 (WerkNr. 027, DI+NW), eine umgebaute Me 210 A, nahm am 3.09.1942 die Flugerprobung auf. Anschließend folgte bis zum Frühsommer die Motorenerprobung mit dem DB 603 A, ehe das Flugzeug am 13.07.1944 außer Dienst gestellt wurde. Die Me 410 V2 (WerkNr. 023, DI+NS) diente ebenfalls der Triebwerkserprobung mit zwei DB 603 A. Die dritte Mustermaschine (V3, WerkNr. 055, DU+IY) wurde in Rechlin erprobt. Außerdem standen für Erprobungszwecke die Me 410 V12, V16, V18, V22 und V25 zur Verfügung.

Die Me 410 war anfangs vor allem als Schnellkampfflugzeug geplant, das durch den Umbau der Me 210 A-1 entstand. Als Umbauversionen entstanden zudem Behelfsaufklärer und mehrere Zerstörerflugzeuge. Die Ausführungen Me 410 C und D sollten ein neues Rumpfvorderteil, vergrößerte Tragflächen und ein Einheitstriebwerk (DB 603 G oder Jumo 213) erhalten, doch hierzu kam es nicht mehr. Anfangs lag das Hauptaugenmerk der Luftwaffenführung auf der Verwendung der Me 410 A-1 als sogenannter "Schnellkämpfer". Für Nachtangriffe erhielt ein Teil der Maschinen sogar Flammenvernichter-Rohre. Dies galt vor allem für die an das KG 2 gelieferten Einsatzmuster. Die als Zerstörer beim ZG 26 eingesetzten Me 410 konnten sich allerdings im Luftkampf nicht durchsetzen. Daran änderte auch der Einbau einer immer schwereren Starrbewaffnung im Bug bis hin zu BK 5 oder der unter den Flächen angebrachten Abschussrohre für Werfergranaten wenig. Nur als Einzelstücke kamen bei der II./ZG 26 einsitzige Me 410 heraus, bei denen die fernbedienbare Abwehrbewaffnung entfiel. Die mit GM1-Anlage ausgestatteten Flugzeuge der Ausführung A zeigten sich jedoch den gestellten Anforderungen nicht gewachsen.

Nach unterschiedlich ausgerüsteten Versionen der Me 410, die außer den bisherigen Verwendungszwecken auch als Torpedobomber oder Nachtaufklärer zum Einsatz gelangen sollten, schloss sich die Entwicklung eines Kampfzerstörers C, der universell nutzbaren Ausführungen D und E sowie der Höhenversion H an. Die Arbeiten wurden zum Teil nur ansatzweise abgeschlossen.

Der Serienbau der Me 410 begann umgehend nach der Umrüstung bereits vorhandener Me 210 A-Maschinen. Ab dem Frühjahr 1943 verließen vor allem Maschinen (ab der B-1) der Neubauproduktion die Fertigung. Hergestellt wurde die Me 410 vor allem im Messerschmitt-Werk in Augsburg sowie bei Dornier in Oberpfaffenhofen bei München.

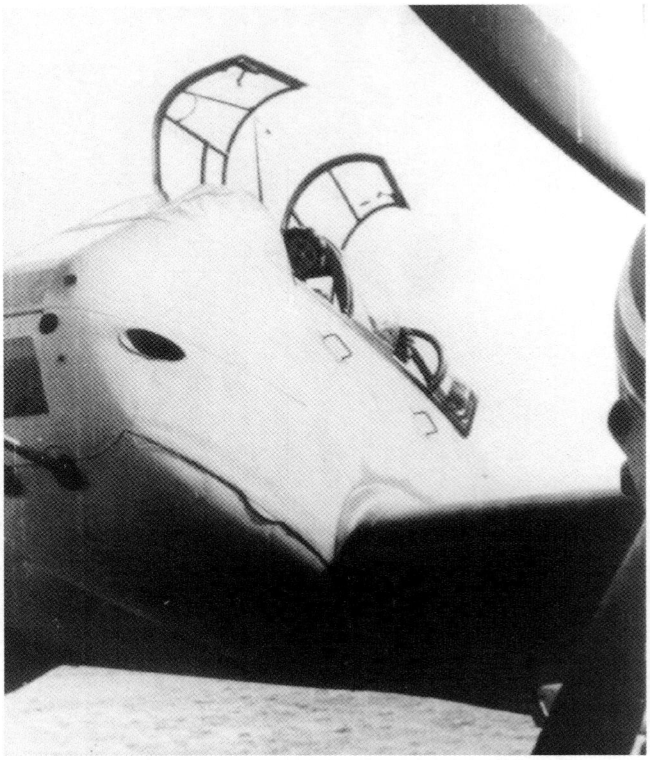

Trotz ihrer starken aus MG 151/20 und MK 101 bestehenden Starrbewaffnung konnte sich die Me 410 nicht gegen die alliierten Jäger behaupten.

Um die Produktion der Me 410 zu ermöglichen, verfügte das RLM sogar, die Do 217 ohne Motoren abzustellen und die Produktionszahlen der Ju 88 und Ju 188 herunterzufahren. Immer neue Forderungen an Ausrüstung und Bewaffnung, bis hin zur Forderung, die Maschine mit zusätzlichen Strahlturbinen auszurüsten und für alle erdenklichen Einsatzprofile herzurichten, führten zu einer Verzettelung an Entwicklungskapazität. Die sich spätestens ab Ende 1943 deutlich abzeichnende Einführung des zweistrahligen Düsenflugzeugs mit 3 cm-Kanonen machte auch die im Vergleich zur Me 210 leistungsfähigere Me 410 entbehrlich. So diente die Me 410 vor allem als Lückenfüller für die Angriffe auf England, da die Ju 88 S nur in geringen Stückzahlen dafür zur Verfügung stand.

Die Me 410 B-2/U2/R5 besaß vier starre im Bombenschacht installierte MG 151/20-Kanonen.

Baureihe	Triebwerk	Bewaffnung – Beladung	Abwurf-Anlage	Kraftstoff	FT-Gerät	Sonstiges
Me 410 A-1 (SK)	DB 603 A	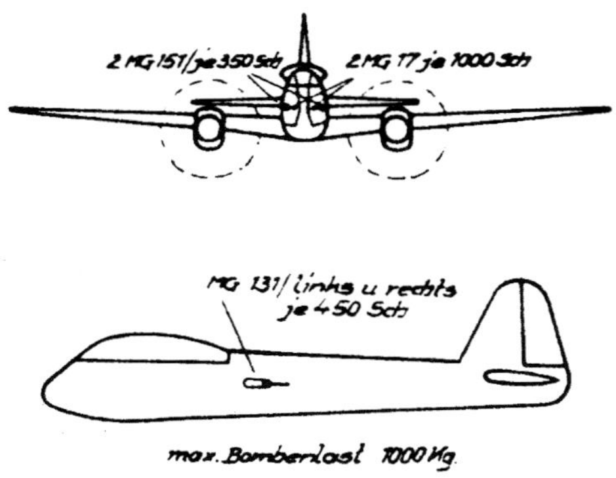 	1 Schloß 1000/XIII oder 2 Schloß 500/XII 2 Schloß 500/XIIC im Rumpf	2 x 410 l 2 x 630 l Flächenmittelteil 2 x 170 l Flächenaußenteile Ges.Inh. 2420 l	FuG 10 Peil G5 FuG 16 FuG 25a FuBl 2F	
Me 410 A-1/U1 (A)	"	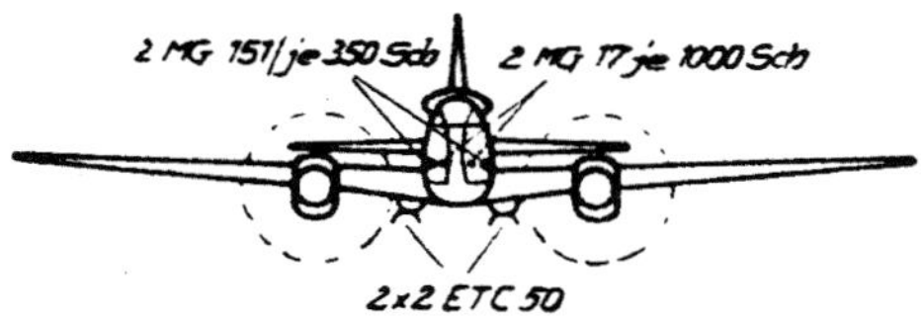 	4 ETC 50/VIIId	"	FuG 10P FuBl 2F TZG X FuG 16 FuG 25a	1 x RB 75/30 od. 1 x RB 50/30 od. 1 x RB 20/30
Me 410 A-1/U2 (Z)	DB 603 A	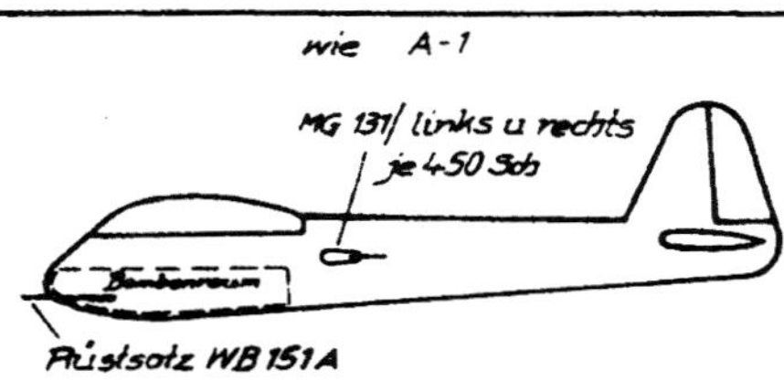 		"	"	Panzersichtscheibe für Führer
Me 410 A-3 (A)	DB 603 A	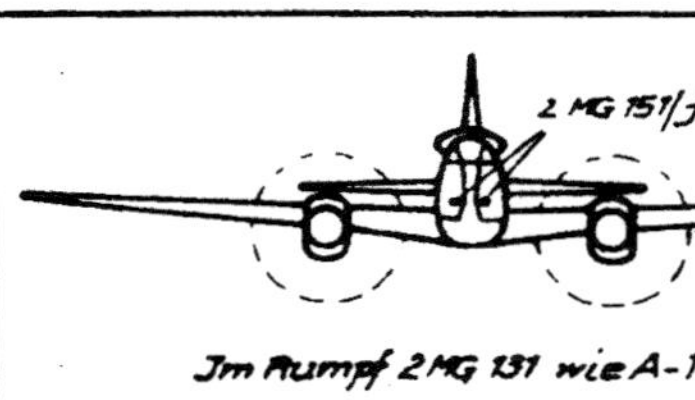 	6 Leuchtbomben im Wannenauslauf auf ges. Bombenträger	"	"	2 x RB 75/30 od. 2 x RB 50/30 od. 2 x RB 20/30
Me 410 B-1 (SK)	"	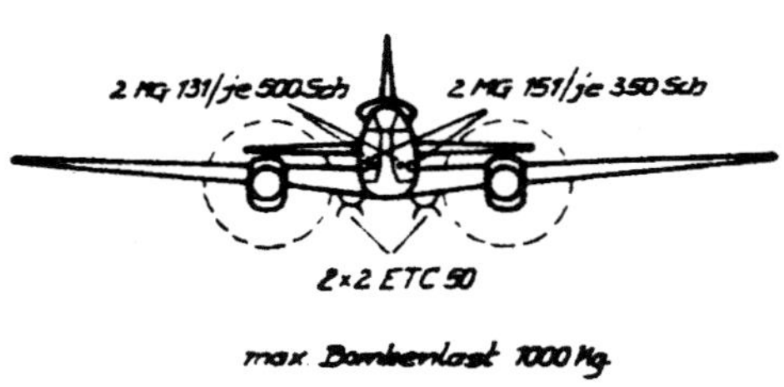 	1 Schloß 2000/XIII oder 2 Schloß 500/XII oder 2 Schloß 500/XIIC 2x E/Rost mit 4x Schl 50-L-2	" zusätzlich Flügelaußenbehälter 2 x 300 l Ges.Inh. 3020 l	"	Höhenatmeranlage, verstärktes Fahrwerk.
Me 410 B-1/U2 (Z)	DB 603 A	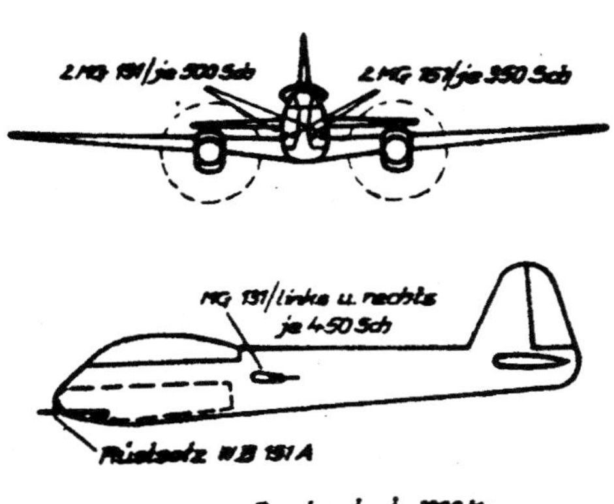 	"	2 x 410 l 2 x 630 l Flächenmittelteil 2 x 170 l Flächenaußenteile Ges.Inh. 2420 l	FuG 10P FuBl 2F TZG X FuG 16 FuG 25a	Höhenatmeranlage, Panzersichtscheibe für Führer verstärktes Fahrwerk.

Baureihe	Triebwerk	Bewaffnung – Beladung	Abwurf-Anlage	Kraftstoff	FT-Gerät	Sonstiges
Me 410 B-1/U4 (Z)	DB 603 A	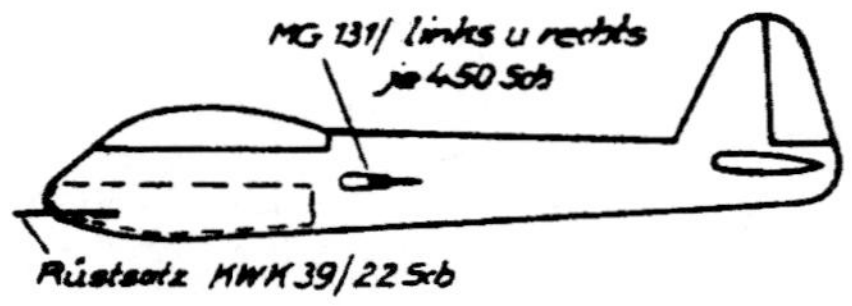		2 x 410 l 2 x 630 l Flächen-mittelteil 2 x 170 l Flächen-außenteile Ges. Inh. 2420 l	FuG 10P FuBl 2F TZG X FuG 16 FuG 25a	Höhenatmeranlage Panzersicht-Scheibe für Führer, verstärktes Fahrwerk
Me 410 B-2 (Z)	"	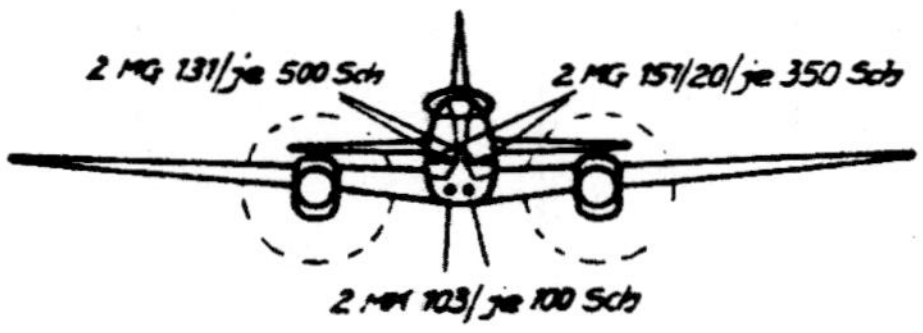 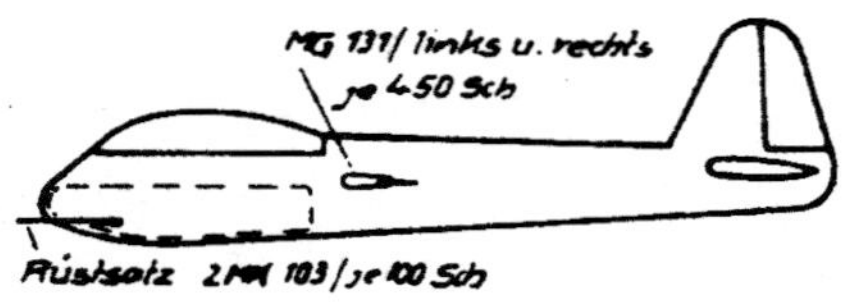		"	"	Panzersicht-scheibe für Führer, Rumpfwanne an-statt Bomben-klappen.
Me 410 B-2/U4 (Z)	603 A a	"	2 Schloß 2000 außen	"	"	wird nicht ge-baut
Me 410 B-3 (A)	DB 603 A	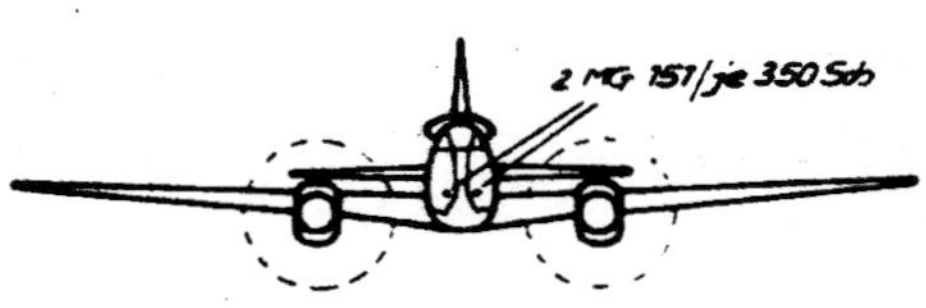	wie B-1/U4 ohne Schloß 2000/XIII 6 Leucht-bomben im Wannenaus-lauf auf ges. Bom-benträger	"	"	Zweimannschlauch boot 2 x RB 75/30 od. 2 x RB 50/30 od. 2 x RB 20/30, Lichtbildwanne anstatt Bomben-klappen.

Diese Me 410 B-1 des KG 2 war als Schnellbomber im Einsatz.

Technische Daten

Baumuster	Me 410 B-1
Besatzung	2
Spannweite	15,36 m
Länge	12,48 m
Höhe	4,28 m
Höchstgeschwindigkeit	501 km/h in Bodennähe 630 km/h in 8.100 m
Ladegeschwindigkeit	230 - 250 km/h
Steigzeit	13 min auf 6.000 m 23 min auf 8.000 m
Flugmasse	10.650 - 11.300 kg
Leermasse	6.100 kg
Reichweite	1.350 km in 6.300 m
Höchstreichweite	2.330 km
Gipfelhöhe	9.500 m

Si 204

Die Vorgaben des RLM für ein fünfsitziges Reiseflugzeug gingen im August 1935 den Flugzeugwerken in Halle zu. Im Mai 1936 war dort die Attrappe fertiggestellt. Nach weiteren neun Monaten wurde am 25.02.1937 beim Flugzeugbau Halle (Fh) die erste Fh 104 (D-IEHR) von Dipl.-Ing. Wolfgang Ziese eingeflogen. Das 500. in Halle produzierte Flugzeug, die Fh 104 (D-IQPG) erhielt den Namen "Hallore". Es handelte sich bei der Maschine um einen freitragenden Tiefdecker mit Hirth HM 508-Triebwerken. Nach den Erfolgen mit der fünfsitzigen Fh 104 begann ab Ende 1937 die Konstruktion eines modernen Zubringer-Verkehrsflugzeugs. Die Konstruktion der ebenfalls zweimotorigen Maschine folgte ab 1938. Infolge einer Überlastung der Konstruktionsabteilung stockten die Arbeiten immer mehr und kamen bei der neuen Maschine zeitweise fast zum Erliegen. Erst am 25.05.1940 konnte Wolfgang Ziese die nun als Siebel Si 204 bezeichnete V1 (D-OEFR, später D-AEFR) in Halle einfliegen. Infolge des Krieges wurden die Arbeiten zeitweise unterbrochen und erst im September 1940 erneut aufgenommen. Nach den beiden Schulflugzeugen A-0 und A-1 kam nun der blindflugtauglichen Schulmaschine der Baureihe D besondere Bedeutung zu. Die erste Si 204 D wurde am 23.05.1941 eingeflogen. Die Maschine unterschied sich durch die voll verglaste Bugsektion, die wesentlich bessere Sichtverhältnisse als die Stufenkanzel bei der Si 204 A bot. Mindestens ein Flugzeug (RE+EV) wurde mit einem Skifahrwerk erprobt. Die Masse der Maschinen wurden, den B2-Schulen sowie den Luftdienstkommandos zugeteilt.

Außer der D-Version wurde die Ausführung E mit zwei Hirth HM 411-Motoren entwickelt. Die Maschinen der Baureihe E wurden als Spezialflugzeug zur Partisanenbekämpfung entwickelt. Als Versuchsmuster dienten zeitweise die Si 204 V22 und V23. Die Maschinen waren mit einer Abwurfanlage für kleinere Bombenkaliber (bis zu einer Gesamtmasse von 1.000 kg) sowie einem HDL 131-Drehturm auf dem Rumpfrücken versehen. Scharfe Einsätze fanden während des Aufstands in der Slowakei sowie über Böhmen statt. Zum Teil wurden die Maschinen auch mit einer Ausrüstung zum Abwurf von Flugblättern versehen. Mit einer Si 204 D flog der „Großmufti von Jerusalem“ in den letzten Kriegstagen in die Schweiz. Als Schulmaschine für Nachtjäger wurden einige Si 204 D zudem mit einem FuG 218 VR und FuG 217 R ausgerüstet.

Nach dem Krieg wurde die Produktion der Si 204 in der Tschechoslowakei als Avia C-3A, C-3B und C-3BV fortgeführt. Ebenso wurden in Frankreich weitere Maschinen produziert und zum Teil in den französischen Kolonien eingesetzt. Die Produktion der Si 204 D war bereits während des Krieges nach Frankreich verlagert worden, wo allerdings nur 168 von 450 dieser Schulmaschinen bei SNCAN vom Band gelaufen waren.

Die ersten Si 204 besaßen noch eine Stufenkanzel. Im Hintergrund steht eine He 177 A-3.

Die Si 204 stellte bei Kriegsende das einzige moderne, zweimotorige Verbindungs- und Schulflugzeug der deutschen Luftwaffe dar, das außerdem noch für leichte offensive Zwecke verwendbar war. Insbesondere die Fh 104-Maschinen konnten zwischen 1938 und 1939 mehrere Erfolge während internationaler Wettbewerbe erringen und gehörten wegen ihrer Betriebssicherheit zu den besten deutschen Blindflug-Schulmaschinen.

Als Schulflugzeug für die Ausbildung von Messfunkern wurden einige Si 204 mit einer Radaranlage versehen.

Baureihe	Triebwerk	Bewaffnung - Beladung	Abwurf-Anlage	Kraftstoff	FT-Gerät	Sonstiges
Si 204 A-0 (Schul)	Argus 410	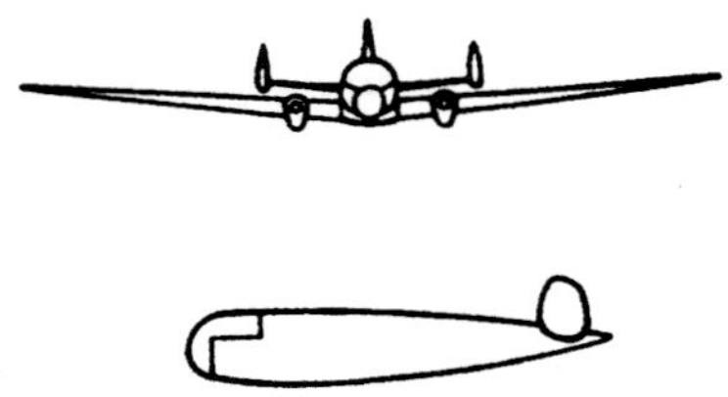		620 l	FuG 8 21A	Schul- und Reiseflugzeug
Si 204 A-1 (Schul)	"	"		1090 l	"	"
Si 204 D-0 (Schul)	Argus 411	"		"	" zusätzl. FuG 10P FuG L2 FuG G6	"
Si 204 D-1 (Schul)	"	"		"	"	"
Si 204 D-3 (Schul)	"	"		"	"	" Holzflügel

Technische Daten

Baumuster	Si 204 D-1
Besatzung	2 (3)
Spannweite	21,33 m
Länge	11,95 m
Höhe	4,25 m
Höchstgeschwindigkeit	325 km/h in Bodennähe 365 km/h in 3.000 m
Dauergeschwindigkeit	340 km/h
Ladegeschwindigkeit	115 km/h
Steigzeit	3,3 min auf 1.000 m 9,0 min auf 3.000 m
Flugmasse	5.610 kg
Leermasse	3.570 kg
Reichweite	1.800 km
Gipfelhöhe	7.500m

Für die Schulung von Besatzungen mehrmotoriger Einsatzmaschinen war die Si 204 ab 1943 unentbehrlich.

DFS 230

Der Auftrag für die Entwicklung des DFS "Lastenseglers (LS) 1" muss bereits 1935 oder 1936 ergangen sein. Unter größter Geheimhaltung sollte die DFS bis September 1936 eine Attrappe eines militärisch nutzbaren Segelflugzeugs mit großer Zuladung erstellen. Bis März 1937 sollten mindestens drei Baumuster als "Studien-Versuchsflugzeuge (SV)" hergestellt sein, um zwischen Mai und Juli 1937 den ersten Teil der Flugerprobung aufzunehmen. Das erste Versuchsmuster (SV 1) wurde später zur DFS 230 V1 (D-5-289). Die Maschine wurde intensiv erprobt und noch im Oktober 1940 zur Erprobung von Lastensegler-Landungen auf dem Groß-Venediger-Massiv mit Erfolg eingesetzt. Die folgenden Versuchsmuster dienten der fliegerischen und technischen Weiterentwicklung. Beispielsweise die DFS 230 V6, bei der ein festes, bremsbares Fahrgestell getestet wurde oder die V7, die verkürzte Flügel und einen verstärkten Laderaum (Überlast) aufwies. Vor Anlauf der Großserienfertigung wurde eine Nullserie erstellt, deren Kabinenverglasung sich stark von der folgenden DFS 230 A-1 unterschied. Bereits Anfang Mai 1937 stand fest, dass die Mustererprobung erfolgreich verlaufen war. Gleichzeitig wurde daher seitens des RLM der Auftrag für eine 30 Gleitflugzeuge umfassende Kleinserie erteilt. Die DFS 230 A-1 besaß eine Einfachsteuerung, die A-2 zudem ein Hilfssteuer und eine größere Rumpfbreite. Bei der B-1 und B-2 war zu Schulungszwecken eine Doppelsteuerung installiert. Die C-1 wies eine größere Rumpfbreite (1,0 m) und eine Einstiegstüre vor der Flügelstrebe auf. Die D-1 hatte verkürzte Flächen sowie den Rumpf der C-1. Die E-1 wies einen auf 1,5 m Breite vergrößerten Rumpf und die Flächen der D-1 auf. Die F-1 hatte im Gegensatz zu ihren Vorläufern ein festes, nicht abwerfbares Start- und Landefahrgestell.

Die Produktion der DFS 230 wurde zeitweise bei mehreren Herstellern durchgeführt. Außer der Firma von Robert Hartwig in Sonneberg waren die Firmen Bücker, Gothaer Waggonfabrik AG, BMM in Prag und Mràz in Chotzen/Böhmen für den Lizenzbau der DFS 230 eingespannt. Im Jahre 1939 liefen 28, im folgenden Jahr 455, im Jahr 1941 dann 1020 sowie 74 im Jahr 1942 und weitere 14 im Jahr 1944 (Mràz) vom Band.

Diese DFS 230 diente zum Absetzen von Luftlandetruppen.

Die Einsatzgeschichte der DFS 230 weist zahlreiche spektakuläre Missionen auf. In die Militärgeschichte ging das Gleitflugzeug bei der Erstürmung des Forts Eben Emael sowie bei den Kämpfen um die "Festung Holland" und die Besetzung Kretas ein. Insbesondere die "Kampfsegler" trugen viel zu den erfolgreichen Sturmeinsätzen während der ersten Kriegsjahre bei. Letzte, verzweifelte Versorgungseinsätze folgten bis April 1945 in das eingeschlossene Budapest und zu den übrigen zur Festung erklärten "Festen Plätzen" im Osten des Deutschen Reiches.

Doppelschlepp einer DFS 230 im Starrschlepp und einer weiteren im Seilschlepp hinter einer He 111 H-6.

Auf dem Rumpfrücken der DFS 230 konnte ein MG 41 installiert werden.

Baureihe	Triebwerk	Bewaffnung - Beladung	Abwurf Anlage	Kraftstoff	FT-Gerät	Sonstiges
DFS 230 A-1 u.B-1 (Segl.)		 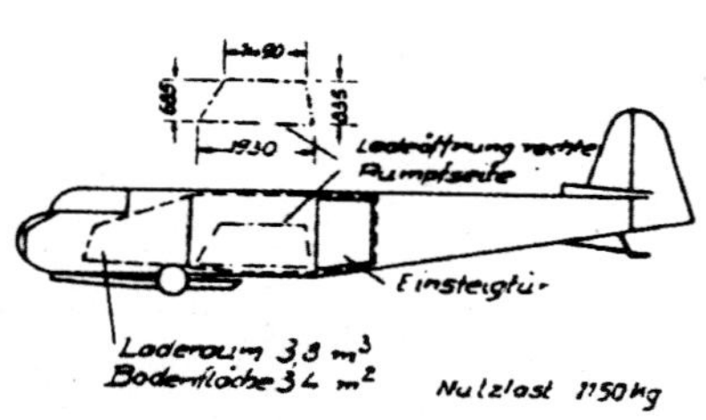 Nutzlast 1150 kg	--	--	Ei-V-Verbindung mit Schlepp-flugzeug	Schmaler Rumpf (700 breit) Bremsschirm für Sturm-LS. Schleppgeschwindigkeit 215 km/h. Zwischen A-1 und B-1 bestehen nur Fertigungsunterschiede.
DFS 230 C-1 (Segl.)		" Nutzlast 1010 kg	--	--	"	Verbreiterter Rumpf (1000 breit) Schleppgeschwindigkeit 260 km/h

Technische Daten

Baumuster	DSF 230 A-1
Besatzung	1
Spannweite	21,98 m
Länge	11,24 m
Höhe	2,74 m
Höchstgeschwindigkeit	185 - 210 km/h im Schlepp
Sturzgeschwindigkeit	290 km/h
Ladegeschwindigkeit	87 km/h
Flugmasse	2.100 kg
Nutzlast	1.150 kg
Leermasse	780 kg

DFS 230-Einsatzmaschine der Luftlandetruppen nach einem Übungsflug.

He 162

Am 10.09.1944 forderte das RLM, dass die maßgeblichen deutschen Flugzeughersteller binnen von fünf Tagen Unterlagen für ein "Einstrahliges TL-Jagdflugzeug" (BMW 003) in Berlin einreichen sollten. Hierbei sollte eine möglichst billige Bauweise mit Holz- und Stahlbauteilen, ein besonders für schlechte Einsatzplätze geeignetes Fahrwerk und eine Flugzeit von mindestens 30 Minuten zugrundegelegt werden. Zwar wurde die Frist später bis zum 14.09.1944 verlängert, doch der kompakte Auftrag blieb erhalten.
Bei Heinkel hatte man einen gewissen Vorsprung erreicht, da an ähnlichen Projektstudien bereits im Sommer 1944 ausgiebig gearbeitet und die ersten Entwürfe schon Anfang Juli 1944 gezeichnet worden wurden. Das erste Musterflugzeug, die He 162 M1 (WerkNr. 200001, VI+IA), wurde am 2.12.1944 flugklar. Die Maschine wurde am 6.12.1944 erstmals von Dipl.-Ing. Gotthold Peter geflogen. Vier Tage später stürzte er mit dem Versuchsmuster tödlich ab. Das zweite Versuchsmuster, die He 162 M2 (WerkNr. 200002, VI+IB) flog mindestens bis zum 23.02.1945. Den beiden Maschinen folgten bis zum 23.03.1945 noch mindestens 25 weitere Mustermaschinen (M) mit zum Teil unterschiedlicher Ausrüstung. Zahlreiche verbesserte Varianten konnten kriegsbedingt nicht mehr fertiggestellt werden.
Der sollte zunächst bei der I./JG 200, die niemals aufgestellt wurde, erfolgen. Dafür wurde dann das Erprobungskommando 162 aufgestellt. Als erste Einsatzformation sollte die I./JG 80 entstehen. Statt dessen entschied sich der Führungsstab für die Umrüstung des JG 1 von der Fw 190 auf die He 162. Allein bei der I. Gruppe dieses Verbands kam man mit der Aufgabe einigermaßen voran. Ab dem 25.04.1945 sollten die I. und II. Gruppe des JG 1 Tieffliegerbekämpfung über Norddeutschland fliegen. Der Flugzeugbestand der Anfang Mai 1945 beim JG 1 gebildeten Einsatzgruppe wurde unversehrt von englischen Bodentruppen in Leck erbeutet.
Insgesamt wurden von der He 162 A-1 und A-2 zwischen Dezember 1944 und April 1945 zwischen 85 und 116 Maschinen gebaut, von denen etwa 40 an die Luftwaffe ausgeliefert worden sind. Die Maschinen wurden gleichzeitig bei Heinkel in den Werken Rostock-Marienehe und Wien-Süd sowie bei Junkers im Werk Bernburg produziert. Außerdem waren Ende 1944 mehrere Untertagefabriken im Aufbau.

Zum JG 1 gehörte diese He 162, die Anfang 1945 von den Alliierten erbeutet wurde.

Minuten vor der Übergabe an die Leck besetzenden englischen Truppen entstand diese Aufnahme der Einsatzgruppe JG 1.

Die Entwicklung des "Volksjägers" entstand aus der Not heraus, ein leistungsstarkes, noch dazu einfach herzustellendes Strahlflugzeug zu produzieren, mittels dessen der Himmel über dem Reichsgebiet besser gegen einfliegende alliierte Bomberkräfte und ihren Begleitschutz verteidigt werden konnte. Infolge der äußerst kurzen Entwicklungszeit konnte der Truppe - trotz der Vorarbeiten im Entwicklungsbüro bei Heinkel - nur ein bedingt einsetzbares Einsatzmittel übergeben werden. Der beabsichtigte Einsatz bei den geplanten "Volksjagdgeschwadern" und die Verwendung von kaum geschulten Hitlerjungen hätten zwangsläufig zu zahllosen Abstürzen geführt, da bereits erfahrene Flugzeugführer bei der He 162 A-1 und A-2 sehr gefordert waren.

Technische Daten

Baumuster	He 162 A-1/A-2
Besatzung	1
Spannweite	7,20 m
Länge	9,25 m
Höhe	2,60 m
Spurweite	1,50 m
Höchstgeschwindigkeit	890 km/h in Bodennähe 905 km/h in 6.000 m
Ladegeschwindigkeit	160 - 190 km/h
Steiggeschwindigkeit	19,2 m/s in Bodennähe
Flugmasse	2.805 kg
Leermasse	1.875 kg
Reichweite	390 km in Bodennähe 620 km/h in 6.000 m
Gipfelhöhe	11.000 m

Baureihe	Triebwerk	Bewaffnung - Beladung	Abwurf-Anlage	Kraftstoff	FT-Gerät	Sonstiges
8-162 A-1 (J)	BMW 003 A-1	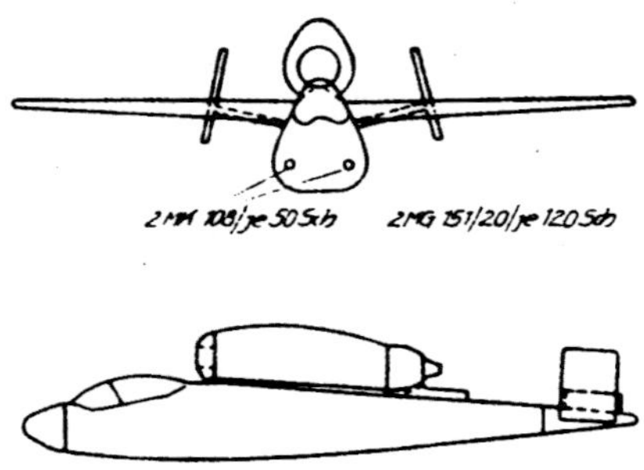	-	960 1	FuG 24Z FuG 25a	Einsitzig, zweidrittel der Ausbringung mit MK 108 und eindrittel mit MG 151/20
8-162 A-2 (J)	BMW 003 A-2	"	-	"	"	"

Das 23. Versuchsmuster der He 162 wurde im März 1945 bei einem Luftangriff schwer beschädigt.

Die He 162 „Volksjäger" wurden Anfang 1945 beim Jagdgeschwader (JG) 1 zur Bekämpfung englischer Tiefflieger eingesetzt.